DER SISSI–ALMANACH

Daniel Baumann

DER Sissi-
ALMANACH

Eichborn.Berlin

Inhalt

Einleitende Worte

Anläßlich des 154. Geburtstags von Elisabeth von Österreich am 24. Dezember 1991 gründete ich in Genf die »Société des Admirateurs et Admiratrices du Sissi« (S A A S), die Gesellschaft der Verehrer und Verehrerinnen von Sissi.

Ich schickte Freunden und Bekannten ein Kärtchen und lud sie ein, Verehrer oder Verehrerin von Sissi zu werden. Drei bis fünf Mal pro Jahr sandte ich im Namen der S A A S unseren Mitgliedern sogenannte Verehrungsgesten, in denen wir die Kaiserin und ihre Verehrer und Verehrerinnen würdigten. Es waren Texte von Schriftstellern, präsentiert in Form eines Büchleins, eines Leporellos oder Faltblattes, von Hand abgeschriebene Gedichte, aber auch photokopierte Poster, Hinweise auf Ausstellungen, Aufführungen, Veranstaltungen und nicht zuletzt Anekdoten, Assoziationen und andere Dokumente. Die Teilnahme an der Gesellschaft war gratis, Statuten gab es nie. Die S A A S sollte einfach und beweglich bleiben.

Im März 1995 haben wir die Gesellschaft im Rahmen einer kleinen Ausstellung im Berner Tanzclub »Art Factory« dem Publikum vorgestellt. Die lokale Presse reagierte mit einer ersten amüsierten Meldung. Ein Jahr später traten wir zum zweiten Mal an die Öffentlichkeit. Wiederum in Bern zeigten wir im Mai 1996 im Kulturzentrum »Dampfzentrale« die drei Filme von Ernst Marischka mit Romy Schneider und Karlheinz Böhm. Das Rahmenprogramm bestand aus einer dokumentarischen Ausstellung, Einführungsreden, Mozartkugeln und Sissi-Kellnerinnen hinter der Bar.

Ein Radiointerview und weitere Zeitungsartikel folgten. Die Mitgliederzahl stieg innerhalb kurzer Zeit. Ein weiterer Höhepunkt war die Teilnahme an der Ausstellung »Austria im Rosennetz« 1996 in Wien und Zürich. Harald Szeemann präsentierte in einer Vitrine eine Auswahl unserer Verehrungsgesten.

Immer wieder wurde ich gefragt, wie ich auf die Idee gekommen war, einen Sissi-Fanclub zu gründen. Das hatte verschiedene Gründe. Erstens mag ich die Filme von Ernst Ma-

»Es gibt nämlich nichts Lächerlicheres als die menschlichen Begeisterungen. Gerade die Begeisterten sind die unerträglichsten Leute.«[1] Kaiserin Elisabeth

9

Selbstporträt Elisabeths aus der Zeit nach der Verlobung, 1854

rischka aus den 50er Jahren. Als Kind und Jugendlicher habe ich sie mehrmals gesehen und war jedesmal von neuem hingerissen. Als Schweizer gefiel mir der bayrisch-österreichische Dialekt, das Sprechen mit der Zunge am Gaumen und durch die Nase runter, »na freilich«, »Froaanzl«, »Sisserl« und das »na braavo!« des schwerhörigen Großvaters.

Während meines Studiums in Genf stieß ich zufällig auf Texte über die Kaiserin, verfaßt von Hugo von Hofmannsthal und Stefan George. Daß Sissi für diese großen Dichter der Jahrhundertwende ein Thema war, hatte ich nicht erwartet. Dann stellte sich heraus, daß sich seit den achtziger Jahren viele Frauen für die Kaiserin interessierten und in ihrer Lebensgeschichte eine frühe Form von Emanzipation erkannten. Literatur der Jahrhundertwende, Heimatfilme der fünfziger Jahre und Feminismus der achtziger Jahre – ich wollte wissen, wie das Leben einer Person so unterschiedlich interpretiert werden konnte und wer diese Person wirklich gewesen war. Ich begann Bücher über Elisabeth von Österreich zu lesen und war von ihrem außergewöhnlichen Lebenslauf, ihren Übertreibungen und ihrer Suche nach Selbstbestimmung und Freiheit beeindruckt. Ihr Körperkult, ihre Dichtungen, ihre Rastlosigkeit, die Rolle der Familie in ihrem Leben und die Verehrung interessierten mich besonders.

Mir fiel auf, daß immer mehr Leute ihr Privatleben und ihre Gefühle in die Öffentlichkeit trugen, das Begräbnis von Lady Di war einer der Höhepunkte dieser Entwicklung. Die Talkshow von Oprah Winfrey in den USA, in der Leute ihre intimsten Erfahrungen schilderten, war ein Riesenerfolg, das deutsche Pendant dazu kam mit der Sendung von Magarete Schreinemakers. Offensichtlich bestand das Bedürfnis, die eigenen Erfahrungen und Gefühle weniger zu verstecken, sie vielmehr mit anderen zu teilen und sich manchmal mit ihnen zu brüsten. Eine Verehrungsgesellschaft schien mir dazu einen guten Beitrag zu leisten.

Kaiser Franz Joseph am Schreibtisch

Körperkult. Die Kaiserin Elisabeth identifizierte sich zeitlebens mit ihren Interessen und Aktivitäten und erhob diese zu ihr lebensnotwendigen Gewohnheiten. Sie widmete ihrem Körper große Aufmerksamkeit, ebenso ihrer Schönheit. Die Pflege und das Flechten ihrer Haare dauerte täglich mindestens zwei Stunden. Weil sie es nicht ertrug, wenn nach dem Frisieren Haare am Kamm zu sehen waren, erfand ihre Friseuse Fanny Feifalik-Angerer einen Trick, um ausgefallene Haare unbemerkt verschwinden zu lassen. Elisabeth ernährte sich sehr bewußt, um ihren Körper in Idealform zu halten: Sie soll nie mehr als 50 Kilo gewogen haben bei einer Größe von 1,72 m. Oft nahm sie beispielsweise nur frische Milch, Orangen, Veilcheneis oder Saft von ausgepreßtem rohen Fleisch zu sich. In der Hofburg ließ sie in ihren Privatgemächern Ringe und eine Sprossenwand einbauen, damit sie regelmäßig Körper und Haltung trainieren konnte. In den siebziger Jahren konzentrierte sie sich auf die Reiterei und galt bald als beste Reiterin Europas: Zwischen 1874 und 1882 fuhr sie jährlich nach England und Irland zur Hetzjagd, während sie sich in Wien und Gödöllö von der Tochter des Zirkusdirektors Renz im Springreiten ausbilden ließ. Anfang der achtziger Jahre mußte sie aus Gesundheitsgründen das Reiten einschränken. Sie wandte sich dem Fechtsport zu und begann, ausgedehnte Märsche zu unternehmen, manche bis zu zehn Stunden lang.

Zwischen 1860 und 1862 legte Elisabeth ein Photoalbum der schönsten Frauen Europas an. Ihrem Schwager Erzherzog

Madleines Ihrer Majestät:
1/2 Pfd. Butter, 400 g Zucker, 8 Dotter, 8 Eischnee, Zitronengeschmack, 1/2 Pfd. Mehlpuder. In Muschelform backen.[2]

Rezept für Veilcheneis:
Eine Handvoll Veilchenblätter wird im Mörser zerstoßen. Dazu werden etwas warmes Wasser und 125 Gramm Zucker gegeben. Nach einer Stunde kommt die Masse ins Gefrierfach, um dann serviert zu werden.[3]

Die Ringe

Die Sprossenwand

Marie von Neapel-Sizilien, Elisabeths
jüngere Schwester

Hermine Cassani, eine berühmte
Schönheit Wiens

Eine Unbekannte aus Wien

Lola Montez, London, um 1863

Die französische Schriftstellerin
George Sand, um 1862

Mademoiselle Nelly, Paris

Maria Taglioni, Ballerina, Paris

Fürstin Joussupoff, St. Petersburg

Fräulein Sculer, Berlin

Frau Justizrätin Wagner, Berlin

Alte Jüdin, Konstantinopel

Madame Kiazim-Bey, Schwiegertochter
des Großwesirs, Konstantinopel

Ludwig Viktor schrieb sie: »Ich lege mir nämlich ein Schönheiten-Album an und sammle nun Photographien, nur weibliche dazu. Was für hübsche Gesichter Du auftreiben kannst beim Angerer und anderen Photographen, bitte ich Dich, mir zu schicken.« Nach zwei Jahren umfaßte ihre Sammlung 2500 Abbildungen von Frauen, Schauspielern, Künstlern und Fürsten. Im Schönheitenalbum befanden sich bekannte neben unbekannten Frauen, Adelige neben Bürgerinnen, Verwandte wie Sissis Schwestern neben Tänzerinnen und Schauspielerinnen in Hosen (was damals als anrüchig galt), Ausländerinnen neben Wienerinnen. Die Sammlung enthielt die Porträts der Schwiegertochter des Groß-Wesirs in Konstantinopel, von Hermine Cassani, einer berühmten Schönheit Wiens, einer alte Jüdin, der französischen Autorin George Sand, von Charlotte Corday, der Mörderin von Marat, von Marie-Antoinette und Lola Montez, der Liebhaberin ihres Onkels König Ludwig I. von Bayern, der wegen dieser Beziehung 1848 abdanken mußte.

Lavendelblütenessenz Kaiserin Sisi: 40 g Lavendelblüten, getrocknet; 130 ml Alkohol, 50%; 200 ml destilliertes Wasser.[4]

SISSI
24.12.1837 – 10.09.1898

FRIDA KAHLO
06.07.1907 – 13.07.1954

MADONNA
?. ?.1958 –

Verehrungsgeste der SAAS von 1993

Eine der Verehrungsgesten der SAAS war eine Karte mit den drei Namen und Lebensdaten von Elisabeth von Österreich (1837-1898), Frida Kahlo (1907-1954) und Madonna (1958-). Diese drei Frauen emanzipierten sich auf ähnliche Weise von der ihnen zugewiesenen Rolle, indem sie sich mit dieser Rolle überidentifizierten. Sie machten die auf sie gerichteten Erwartungen (Schönheit und Erotik) so vollständig zu den ihren, daß sie dadurch das traditionelle Rollenverständnis von unerwarteter Seite her unterhöhlten. Indem sie die Fremdbestimmung in eine Selbstbestimmung umwandelten, lösten sie sich zwar nicht von der ursprünglichen Abhängigkeit, sie bewirkten aber eine neue Sicht auf die Perversität der Rollenordnung. Indem sie sich die Freiheit nahmen, einen eigenen Weg zu gehen, öffneten sie anderen die Tore. Darin liegt bis heute ihre große Bedeutung, von Sissi bis Lady Di.

Elisabeth verweigerte sich zeitlebens der ihrer Stellung zugeordneten Rolle einer Landesmutter und Kaiserin. Ihr

Veilchenduftwasser »Sisi«: 100 g Veilchenblüten, frisch gepflückt; 80 ml Alkohol, 50%; 100 ml destilliertes Wasser. Die frisch gepflückten Veilchenblüten (ohne Stengel) in ein bauchiges Glas- oder Porzellangefäß schichten, den Alkohol darübergießen und das Gemisch an einem dunklen Ort eine Woche lang stehen lassen. Dann durch einen Kaffeefilter geben. Den Sud mit dem destillierten Wasser aufgießen und gut durchschütteln. Fest verschlossen halten.[5]

14

teilweise eigenwilliges Verhalten und die starke Ichbezogenheit können auf Neurosen zurückgeführt werden, als Flucht vor den Anforderungen der Realität und als vergeblicher Versuch, sich aus sich selbst heraus zu definieren. Wegen ihrer bekanntermaßen geringfügigen Ernährung kann man sie zudem als magersüchtig bezeichnen. Erklärungen, die sich auf Erkenntnisse der modernen Psychologie stützen, können wichtige Aspekte in ein neues Licht rücken und zum tieferen Verständnis einer Lebensgeschichte beitragen. Sie können aber auch den unbewußten Versuch darstellen, das Gegenüber auf Distanz zu halten.

Dichtung. Auf der Suche nach einer Korrespondenz zwischen dem Kronprinz Rudolf und seiner Mutter Elisabeth ist die österreichische Historikerin Brigitte Hamann Ende der siebziger Jahre im Bundesarchiv in Bern auf die Gedichte der Kaiserin gestoßen. Elisabeth hatte sie als eine Art Tagebuch zwischen 1885 und 1888 niedergeschrieben. Weil sie befürchten mußte, daß die Gedichte ihres kritischen Inhalts wegen nach ihrem Tod vernichtet würden, hat sie diese in einer kleinen Auflage vervielfältigen und davon eine Ausgabe dem Schweizerischen Bundesrat zukommen lassen. Hamann konnte die Gedichte 1984 zum ersten Mal veröffentlichen.

Sissis Schönheitsrezepte werden versteigert. Wien (dpa) – In der österreichischen Hauptstadt werden am 10. März Schönheitsrezepte der Kaiserin Elisabeth (»Sissi«) aus den Jahren 1878 und 1879 versteigert. Es handelt sich um Rezepte, Bestellscheine und Anweisungen für diverse Salben, Cremen, Badewasser-Zusätze, die eigens für die legendäre Kaiserin zusammengetragen wurden. Der Wert der Sammlung wird nach Angaben des Wiener Auktionshauses Dorotheum auf 2150 Mark geschätzt. Sissi (1837-1898), Frau von Kaiser Franz Joseph I., war für ihren Schönheitskult bekannt. Sie betrieb nicht nur regelmäßig ein Fitneßprogramm und badete in Milch, sondern soll auch an Magersucht gelitten haben.[6]

Der gelähmte Freund der Kaiserin, Mr. J. Collett

»Schweizer, Ihr Gebirg ist herrlich!
Ihre Uhren gehen gut;
Doch für uns ist höchst gefährlich
Ihre Königsmörderbrut.«[7]
Kaiserin Elisabeth

Heinrich-Heine-Institut
Bilker Str. 14
D-40213 Düsseldorf
Tel. +49 / 2 11 / 8 99 55 74

Schweizerisches Bundesarchiv
Archivstr. 24
CH-3005 Bern
Tel. +41 / 31 / 3 22 89 89

Sie lehnen sich an Heinrich Heines Gedichtzyklus »Die Nordsee« von 1827 an. Heine war Elisabeths großes Vorbild, sie verstand sich als sein Medium und glaubte, mit ihm spiritistisch zu verkehren. In ihrer Villa Achilleion auf Korfu widmete sie ihm einen kleinen Tempel. Die Heine-Bände mit ihren Anmerkungen werden im Heinrich-Heine-Institut in Düsseldorf aufbewahrt.

Elisabeths Gedichte sind literarisch wenig bedeutsam. Aber sie erlauben uns aufgrund ihres stark autobiographischen Charakters, die Kaiserin von einer sehr persönlichen Seite kennenzulernen. Die ca. 270 Gedichte ergeben das Bild einer intelligenten, belesenen, klarsichtigen, enttäuschten, humorvollen, mutigen, verletzten und heimatlosen Kaiserin.

Am meisten überraschte mich ihre Einsamkeit. Spricht sie in ihren Gedichten jemanden liebevoll an, so ist es entweder ein Unerreichbarer wie Heine (»Der Meister«), Achill (»Der Bräutigam«), Jehova oder die Natur. Die Gegenwart von Menschen scheint ihr ein Greuel:

»Ich fliehe vor der Welt sammt ihren Freuden,
Und ihre Menschen stehen mir heut' fern;
Es sind ihr Glück mir fremd und ihre Leiden;
Ich wandle einsam, wie auf anderm Stern.

Was einst mich schmerzte, wurde nun teuer,
Zum Paradies ward die Verlassenheit;
Entfalten kann mein Geist die Schwingen freier,
Fremd sind ihm alle Erdenseelen heut'.«

Orte ohne Menschen sind ihr die liebsten: das Meer, die Berge, verlassene Täler oder ihre Innenwelt. Sie liebt das Leben auf dem Schiff, »ein ideales, chemisch reines, kristallisiertes Leben, ohne Wunsch und ohne Zeitempfindung. Das Gefühl der Zeit ist immer schmerzhaft, denn es gibt uns das Gefühl des Lebens.« Mein Eindruck war, daß ihr in diesen Jahren alles bloß schmerzhafte Vergangenheit oder unerreichbare, schöne Zukunft war, die Gegenwart nur als zukünftige

Vergangenheit oder allenfalls als Schmäh. Sie versuchte, sich dem Leben zu entziehen, es von außen zu betrachten, um einem idealen, zeitlosen Zustand entgegenzustreben. Wiederholt spricht sie über den Wunsch, vollständig zu verschwinden.

Elisabeth versteckt sich hinter ihrem Fächer vor den Blicken der Neugierigen und Photographen

»Von dem Erdenwahn genesen,
alle Leiden, die gewesen,
Abgestreift im Lebensflug,
Richtet heut' die freie Seele,
Die kein irdisch' Band mehr quäle,
Gegen Troja ihren Zug.«[8]

Die Gedichte verraten zudem viel über ihre Sicht des Verhältnisses zwischen ihr und Franz Joseph, über ihre Schuldgefühle, ihr Mitleid und ihre Abneigung. In ihren Augen war das Verhältnis eine große Enttäuschung:

Zerstört

»O sprich mir nicht von jenen Stunden,
Wo wir einander angehört;
Mit ihrem Glück sind sie entschwunden,
Und unser Eden ist zerstört.
Doch wird ihr Angedenken leben,
Bis Ruhe uns der Tod gegeben.
[...]
Doch Unsere Liebe sterben sehen,
Nichts andres traf mein Herz so schwer.«[9]

Andererseits macht sie sich über Franz Josephs Gutmütigkeit, sein Pflichtbewußtsein und seine politische Naivität lustig:

»That schön den Russen, Preussen,
Galt's meines Landes Wohl;
Ja, auf den Kopf sie sch...n
Liess ich mir demutsvoll.«[10]

Nicht alles ist leidvolle Selbstbespiegelung. Verblüffend sind jene Momente, in denen sie offen die Monarchie, die Verwandten des Hauses Habsburg und die Wiener Gesellschaft kritisiert:

>»Wie sie zu tollen Walzerklängen,
Den Mücken gleich, sich dreh'n und freu'n.«

»Doch der Chef der Ceremonien
Kündet jetzt: das Fest ist aus. –
All ihr Fürsten und Baronien,
Prinzen, Grafen, geht nachhaus!

Mit dem Stab thut er es kunde,
Daß ihr euch nun fortbewegt;
Mit dem Schlag der zwölften Stunde
Sei der Unrat weggefegt.«

»Ihr lieben Völker im weiten Reich,
So ganz im Geheimen bewundere ich euch:
Da nährt ihr mit eurem Schweiße und Blut
Gutmütig diese verkommene Brut!«

»Wo grenzenloser Reichtum prasst,
Und rauschend sich die Feste jagen;
Und wo, verhungert und erblasst,
Die Not schon späht nach Rachetagen.«[11]

Neujahrsnacht 1887

Ich sah im Traume Gauen,
So weit, so reich und schön,
Umspült vom Meer, dem blauen,
Begrenzt von Bergeshöh'n.

Und mitten in den Gauen
Ein hoher Eichbaum stand.[*]
Ehrwürdig anzuschauen,
So alt fast wie sein Land.

Es hatten Sturm und Wetter
Ihm arg schon zugesetzt;
Fast bar war er der Blätter,
Die Rinde rauh, zerfetzt.

Nur seine Krone oben
War noch nicht weggeweht,
Aus dürrem Reis gewoben,
Vergang'ner Pracht Skelett!

Ein Vogel saß dort unten,
»Pechvogel« nannte man ihn,
Wohl, weil sich manche Wunden
Durch seine Schwingen zieh'n.

In Ostnordost da türmte
Sich schwarze Wolkenwand,[**]
Von Westen aber stürmte
Ein roter Feuerbrand.[***]

Wie Schwefel schien der Süden,
Wenn dort im fahlen Licht
Urplötzlich Blitze glühten,
Als naht, das Endgericht.

Ich hört' den Eichbaum krachen
Bis in sein tiefstes Mark,
Als würde er zerschlagen
Zu seinem eigenen Sarg.

Der Baum muß endlich fallen,
Er hat sich überlebt;
Doch für den armen Vogel
Da hat mein Herz gebebt![12]

Spruch im Arbeitszimmer des Kaisers Franz Joseph in der Kaiservilla in Bad Ischl:

»Stark sein im Schmerz; nicht wünschen, was unerreichbar oder wertlos ist, zufrieden sein mit dem Tag, wie er kommt; in Allem das Gute suchen, und Freude an der Natur und an den Menschen haben, wie sie nun einmal sind; für tausend bittere Stunden sich mit einer einzigen trösten, welche schön ist, und aus Herz und Können immer sein Bestes geben, auch wenn es keinen Dank erfährt. Wer das lernt und kann, ist ein Glücklicher, Freier und Stolzer und immer schön wird sein Leben sein. Wer mißtrauisch ist, begeht ein Unrecht gegen Andere und schädigt sich selbst: Wir haben die Pflicht, jeden Menschen für gut zu halten, solange er uns nicht das Gegenteil beweist. Die Welt ist so groß und wir Menschen sind so klein: da kann sich doch nicht alles um uns allein drehen. Wenn uns was schadet, was weh tut, wer kann wissen, ob es nicht notwendig ist zum Nutzen der ganzen Schöpfung? In jedem Ding der Welt, ob es tot ist oder atmet, lebt der große, weise Wille des Allmächtigen und Allwissenden Schöpfers; uns kleinen Menschen fehlt nur der Verstand, um ihn zu begreifen. Wie alles ist, so muß es sein in der Welt, und wie es auch sein mag: immer ist es gut im Sinne des Schöpfers.«

[*]   Österreich
[**] Rußland und die Balkanwirren
[***] drohender deutsch-französischer
      Krieg

Elisabeth blickte nüchtern auf ihr Umfeld und die politische Situation. Sie erkannte den drohenden Untergang der Monarchie, die Bedrohung, die von den Balkanwirren ausging, die Taktik der Russen, die Gefahr eines deutsch-französischen Krieges und die Gründe für die aufkommenden sozialen Spannungen. Sie wußte auch über die eigenen Illusionen Bescheid, doch hielt sie ihr Leben lang an ihnen fest:

Titanias Arche

[...]
»Die Arche halt' ich fest verschlossen,
Wie ich's bei manchem Haus geseh'n,
Wo an den Fenstern Eisensprossen,
Und Mauern ums Gebäude geh'n.

Des innern Wirrwarrs Schlüssel trage
Ich aber tief im Hirn versteckt;
Und nun ist dies die große Frage:
Nach meinem Tod wird er entdeckt?

Einstweilen fährt die Arche weiter
Auf der Gedanken freiem Meer,
Gemächlich, wenn der Himmel heiter,
Und schwankend, wenn er sturmesschwer.

Wie Vater Noah es geflogen,
Sandt' eine Taube jüngst ich aus,
Doch rasch kam sie zurückgeflogen,
Man schickt sie mit Protest nachhaus.«[13]

Elizabeth Peyton, Sisi, Empress of Austria, 1994

Rastlosigkeit. Im November 1860 verläßt Elisabeth aufgrund der Spannungen am Hof, einer Ehekrise und ihrer angeschlagenen Gesundheit wegen Wien und reist zur Kur auf die Atlantikinsel Madeira nordwestlich von Afrika. Es ist die erste einer langen Reihe von Reisen, die sie zum größten Teil ohne ihren Mann und ihre Kinder (außer Marie Valerie) unternimmt.

Nach dem Selbstmord ihres Sohnes Rudolf, des Kronprinzen, 1889 Mayerling, wird das Reisen zur Lebensphilosophie: »Die Reiseziele sind nur deshalb begehrenswert, weil die Reise dazwischen liegt. Wenn ich irgendwo angekommen wäre und wüßte, daß ich nie mehr mich davon entfernen könnte, würde mir der Aufenthalt selbst in einem Paradies zur Hölle. Der Gedanke, einen Ort bald verlassen zu müssen, rührt mich und läßt mich ihn lieben. Und so begrabe ich jedesmal einen Traum, der zu rasch vergeht, um nach einem neuen zu seufzen.«

Elisabeths Reisefieber war aufwendig und teuer. Die Reise nach England zur Parforce-Jagd 1876 beispielsweise verschlang über 100 000 Gulden, das entsprach 350 Jahresgehälter eines damaligen Arbeiters.

Die folgende Liste liefert eine Auswahl von Orten, an denen sich die Kaiserin über kurze oder längere Zeit aufhielt:

Achilleus

»O Schwalbe, leih' mir deine Flügel,
O nimm mich mit ins ferne Land,
Wie selig sprengt' ich alle Zügel,
Wie wonnig jedes fesselnd' Band!
Und schwebt' ich frei mit dir dort oben
Am ewig blauen Firmament,
Wie wollte ich begeistert loben
Den Gott, den man die Freiheit nennt.«[14]
Kaiserin Elisabeth

Aix-les-Bains (F)

Ajaccio (F)

Algier (Algerien)

Alicante (E)

Althorpe (GB)

Ammersee (D)

Amsterdam (NL)

Antwerpen (B)

Arcachon (F)

Athen (GR)

Attersee (A)

Bad Brückenau (D)

Bad Homburg (D)

Bad Ischl (A)

Bad Kissingen (D)

Bad Kreuth (D)

Bad Nauheim (D)

Bad Schwalbach (D)

Baden-Baden (D)

Badgastein (A)

Balearen (E)

Bamberg (D)

Barcelona (E)

Bayreuth (D)

Bern (CH)

Bex (CH)

Biarritz (F)

Bornemouth (GB)

Boulogne (F)

Brescia (I)

Brno/Brünn (CZ)

Brüssel (B)

Budapest (H)

Cadix (F)

Cannes (F)

Cap Martin (F)

Capri (I)

Caux (CH)

Cheshire (GB)

Comersee (I)

La Coruña (E)

Cottesbrooke (GB)

Cremona (I)

Cromer (GB)

Dardanellen (T)

Debrecen (H)

Domogléd, Berg (H)

Dover (GB)

Dresden (D)

Duino (I)

Easten Neston (GB)

Evian (F)

Feldafing (D)

Florenz (I)

Frankfurt (D)

Garatshausen (D)

Gastouri (GR)

Genf (CH)

Genua (I)

Gibraltar (GB)

Gödöllö (H)

Gosaumühle (A)

Granada (E)

Graz (A)

Hallstatt (A)

Hamburg (D)

Heidelberg (D)

Heilbronn (D)

Heiligenblut (A)

Herkulesbad (H)

Innsbruck (A)

Interlaken (CH)

Isle of Wight (GB)

Ithaka (GR)

Izmir (T)

Jenbach (A)

Kairo (Ägypten)
Kaltbad-Rigi (CH)
Karersee (A)
Karlsbad (D)
Karthago (GR)
Kisbér (H)
Korfu (GR)
Korinth (GR)
Korsika (F)
Kremsier/Kroměřčž (CZ)
Kufstein (A)
Kykladen (GR)
Lákones (GR)
Langbathseen (A)
Laxenburg (A)
Léfkas (GR)
Le Havre (F)
Lichtenegg bei Wels (A)
Linz (A)
Lissabon (P)
Liverpool (GB)
Livorno (I)
Ljubljana/Laibach (SLO)
London (GB)
Luzern (CH)
Madeira (P)
Madonna di Campiglio (I)
Mailand (I)
Mainz (D)
Malaga (E)
Mallorca (E)
Malta
Mannheim (D)
Mariazell (A)
Marseille (F)
Mayerling (A)
Meath, Schloß (IRL)
Mehadia (RO)

Meran (I)
Miramare (I)
Monaco (MC)
Monza (I)
Mürzsteg (A)
Mürzzuschlag (A)
München (D)
Neapel (I)
Neuberg (A)
Nizza (F)
Nußdorf (A)
Offensee (A)
Oran (Algerien)
Palaeokastritsa (GR)
Palermo (I)
Pardubice/Pardubitz (CZ)
Paris (F)
Passau (A)
Patras (GR)
Payerbach bei Reichenau (D)
Pelesch, Schloß (RO)
Pompei (I)
Porto (P)
Port Said (Ägypten)
Possenhofen (D)
Prag (CZ)
Pregny (CH)
Radmer (A)
Regensburg (D)
Reichenau (D)
Reichenau/Rax (A)
Rhodos (GR)
Rigi (CH)
Rom (I)
Roseninsel (D)
Salzburg (A)
San Remo (I)
Sassetôt-les-Mauconduit (F)

Schaffhausen (CH)

Schönbrunn (A)

Sevilla (E)

Sinaia (RO)

Sorrento (I)

Starnberg (D)

Stavrós (GR)

Straßburg (F)

Straubing (A)

St. Vincent de Paul (F)

St. Wolfgang (A)

Suezkanal (Ägypten)

Summerhill (IRL)

Siros (GR)

Tanger (Marokko)

Tegernsee (D)

Territet (CH)

Ténès (Algerien)

Toulon (F)

Traunsee (A)

Triest (I)

Troja (GR)

Tunis (Tunesien)

Turin (I)

Valencia (E)

Vatikan

Ventnor (GB)

Verona (I)

Vöslau (A)

Wallsee (A)

Warwickshire (GB)

Wien (A)

Wiesbaden (D)

Windsor (GB)

Wolfgangsee (A)

Zandvoort (NL)

Zypern

Rolle der Familie. »Wie Pontius ins Credo,
                     kam ich ins Familienjoch;
                     Denn zu fliehen die Familie,
                     War mein Drang von jeher doch.«[15]

Elisabeth wird als Tochter von Herzogin
Ludovika und Herzog Max in Bayern geboren. Sie wächst in München und in Possenhofen am Starnberger See auf, in einem
in vieler Hinsicht ungewöhnlichen Zuhause. Sie und ihre sieben Geschwister werden
von der Mutter selbst aufgezogen, ein für
damalige Verhältnisse seltener Umstand:
Der Adel übergab seine Kinder Dritten zur
Erziehung, die Aufzucht der eigenen Kinder war eine Forderung bürgerlicher Kreise. Der Vater, Herzog Max, führt das Leben eines Nonkonformisten: Er unterhält
Diskussions-, Bier- und Singrunden mit
Gelehrten und Künstlern, er ist belesen,
reist viel, verfaßt anonym erscheinende historische Artikel, gibt eine Sammlung
oberbayrischer Lieder heraus und betreibt
im Hof seines Palais' einen Zirkus, in dem
er selber auftritt. Der Monarchie gegenüber ist er kritisch eingestellt und sympa-

thisiert offen mit demokratischen Ideen. Er hat zwei unehe-
liche Töchter, mit denen er in seinen Privatgemächern zu
Mittag ißt, ohne Ehefrau und den gemeinsamen Kindern.
Sissi hängt an ihrem Vater, wie er schreibt sie Gedichte, liebt
die Natur, die Berge und das Reiten. In Possenhofen spielt
sie mit den Kindern der Bauern, schwimmt, angelt und tobt
sich aus.

Elisabeth wächst in einer Familie auf, deren Denken und
Tun geprägt sind von bürgerlichen Wertvorstellungen wie
Unabhängigkeit und Selbstbestimmung.

Mit sechzehn Jahren kommt Elisabeth an den Wiener
Hof, wo die Prioritäten anders gesetzt sind. Das Wohl des
Staates und der ihn tragenden Schicht steht hier an erster Stel-

le, und nicht die Belange des einzelnen. Das Leben ist bis ins
kleinste Detail durch die Hofetikette ritualisiert, der sich jeder und jede unterwerfen muß. Die Wiener Gesellschaft ist
der neuen Kaiserin feindlich gesinnt, weil sie sich nicht ein-
ordnen kann oder will. Die junge Elisabeth bleibt mit ihren
Erfahrungen, Erwartungen und Wünschen allein und fühlt
sich eingekerkert. Ihre drei ersten Kinder darf sie nicht selbst
erziehen, wie sie es von ihrer Mutter kannte: Sie werden von
der Schwiegermutter beziehungsweise deren Erziehern aufgezogen. Franz Joseph, der ihr am nächsten steht, ist die mei-
ste Zeit abwesend, vollständig absorbiert von seinen Aufgaben und in Abhängigkeit von seiner Mutter und seinen Bera-
tern, mit denen er alles bespricht.

Nach anfänglichem Unterordnen beginnt Elisabeth jedoch, sich mit einigem Erfolg aufzulehnen: Sie gewinnt an
Selbstvertrauen, reißt die Erziehung ihres Sohnes – wenigstens zu einem Teil – an sich zurück und setzt sich für die ungarischen Aufständischen ein. Dieses Engagement findet 1867
mit der Königskrönung in Budapest ihren Höhepunkt, als die
österreichische Monarchie zur k.u.k. Monarchie Österreich-
Ungarn wird. Zur gleichen Zeit beginnt die Kaiserin, sich
den Spannungen am Wiener Hof durch Reisen zu entziehen
und sich damit ihren offiziellen Aufgaben zu verweigern. Sie
sucht nach Freiräumen, die ihr das Gefühl vermitteln, selbst
bestimmen zu können. Das Reiten, Marschieren, Dichten
und Reisen gewähren ihr dies.

Verehrung. Körperkult, Dichtung, Rastlosigkeit und Familie
spielten eine wichtige Rolle im Leben von Elisabeth. Diese
vier Aspekte wurden in den letzten hundert Jahren aus unter-
schiedlichen Perspektiven betrachtet. Daraus ergaben sich
sehr verschiedene Einschätzungen ihrer Persönlichkeit und
ihrer historischen Bedeutung. Alle Deutungsversuche zeigen
jedoch, daß die Beschäftigung mit Elisabeth stets von neuem
herausfordert und zu persönlichen Stellungnahmen bewegt.
Ihre Haltung ruft bis heute gemischte Gefühle hervor, auf die
wir mit Begeisterung oder Ablehnung reagieren. Für die
Gründung der SAAS waren diese vier Aspekte wichtig, weil

ich in ihnen zentrale Motive für die Verehrung von Sissi und die Entstehung ihres Mythos sah.

Als Verehrer von Sissi wollte ich aber nicht nur die Person besser kennenlernen, sondern auch begreifen, wie Verehrung funktioniert: Warum hatte ich das Bedürfnis, eine Person zu verehren, die ich nie treffen würde, die unerreichbar blieb? Ich wandte mich deshalb zunächst den anderen Verehrern und Verehrerinnen zu.

Die Schriftsteller der Jahrhundertwende sahen in der Lebensweise der Kaiserin ihre eigenen Sehnsüchte gespiegelt. Sie bewunderten ihr Streben nach Vollkommenheit und Erhabenheit, waren fasziniert vom Ruhm ihrer Schönheit, von ihrer Rastlosigkeit und Todessehnsucht, und erkannten schließlich in ihrer Situation als Außenseiterin die eigene wieder.

In den Filmen von Marischka wurde Elisabeth zum Inbegriff des natürlichen Landmädchens Sissi, das sich gegen eine feindliche Umgebung und deren Künstlichkeit zur Wehr setzen muß. In farbenfroher Heiterkeit antwortet der Film nach dem Grauen des Zweiten Weltkrieges auf die Sehnsucht nach einer heilen Welt. Die Idylle wird zum Schauplatz einer doppelten Familiengeschichte mit Höhen und Tiefen: Idylle, Glück in der Liebe, Abschied, Spannungen, Abneigungen, tiefe Krise und Versöhnung. Marischka verband damit zwei Themen, deren Spannungsverhältnis das ganze Jahrhundert prägten: Sehnsucht nach Geborgenheit und Emanzipation von genau diesem Zustand.

Marischkas Trilogie waren nicht die ersten Filme über Sissi. Sie waren der Höhepunkt einer Romantisierung, die ihren Anfang in den zwanziger Jahren in Film, Theater und Operette nahm (siehe dazu den Ausstellungskatalog *Elisabeth von Österreich. Einsamkeit, Macht und Freiheit*, Wien 1987). Popularität erhielt die Geschichte der Kaiserin insbesondere durch die Biographie *Elisabeth. Die seltsame Frau* von Egon Caesar Conte Corti. Sie erschien 1934 und erreichte nach neun Monaten bereits die 12. Auflage.

Cortis Buch galt bis 1981 als das maßgebende biographische Werk über Elisabeth von Österreich. In diesem Jahr ver-

»Wenn man nicht nach seiner Art glücklich sein kann, so bleibt einem nichts übrig, als sein Leid zu lieben. Nur das gibt die Ruhe, und die Ruhe ist die Schönheit auf der Welt. Die Schönheit ist die Ursache und der Zweck aller Dinge.«[19]
Kaiserin Elisabeth

»Die Leute wissen nicht, was sie mit mir beginnen sollen, weil ich in keine ihrer Traditionen und längst anerkannten Begriffe hineinpasse. Sie wollen nicht, daß man ihre Schubladenordnung störe. So gehöre ich denn mir ganz.«[20]
Kaiserin Elisabeth

öffentlichte Brigitte Hamann die Biographie *Elisabeth. Kaiserin wider Willen*. Die Wiener Historikerin porträtiert in dieser
detaillierten Studie die Kaiserin in ihrem geschichtlichen
Kontext. Im Zentrum ihres Interesses steht Elisabeth als Individuum – nicht als Frau des Kaisers von Österreich. Die Kaiserin wurde so auf ein menschliches Maß gebracht, was
zwangsläufig zu einer starken Relativierung des Mythos führte. Hamann erhielt dafür Kritik, zeitgleich enstand aber ein
neues Interesse an der Person der Kaiserin. So wurde das Leben von Elisabeth von Österreich in zwei großen monographischen Ausstellungen thematisiert, Brigitte Hamanns Biographie in mehrere Sprachen übersetzt. Darüber hinaus begannen sich immer mehr Frauen, Wissenschaftlerinnnen,
Schriftstellerinnen und Historikerinnen für die Kaiserin zu
interessieren, unter anderem die französischen Psychoanalytikerinnen Ginette Raimbault und Caroline Eliacheff, (*Les Indomptables. Figures de l'anorexie*, 1989), die französischen
Schriftstellerinnen Nicole Avril (*L'Impératrice*, 1993) und Catherine Clément (*Sissi. L'impératrice anarchiste*, 1992), die Historikerinnen Verena von der Heyden-Rynsch (*Elisabeth von
Österreich. Tagebuchblätter von Constantin Christomanons*, 1987),
Juliane Vogel und Gabriela Christen (*Elisabeth von Österreich.
Momente aus dem Leben einer Kunstfigur*, 1992), Chris Stadtlaender (*Sisi. Die geheimen Schönheitsrezepte der Kaiserin und des
Hofes*, 1995), Doris Falkenau (*Auf Sisis Spuren in Madeira. Eine
Reiselektüre*, 1996), Irmgard Sterzinger (*Auf den Spuren der
Kaiserin Elisabeth*, 1996) und Gabriele Praschl-Bichler (zusammen mit G. Senger und W. Hoffmann, *Kaiserin Elisabeth, Mythos und Wahrheit*, 1996).

In den achtziger und neunziger Jahren wandelte sich das
Bild Elisabeths vom naiven Landmädchen zur selbstbewußten
Kaiserin und Heldin der Emanzipation. Ein neuer Mythos
war damit geboren.

Vom begeisterten wurde ich allmählich zum ernüchterten
Verehrer. Ich verstand die Relativität unserer Sichtweisen
und wieviel an eigenen Gefühlen und Wünschen wir auf das
Leben anderer projizieren. Die Verehrung einer unerreichbaren Person schien mir ein Zusammenspiel von Bedürfnissen

32

zu sein, dem nach Nähe und dem nach Ferne: Ich konnte mich Elisabeth nur vollständig nähern, weil sie auf ewig fern blieb.

Aus meiner Verehrung der Kaiserin Elisabeth von Österreich wurde nach dieser Erkenntnis langsam Respekt vor ihrer Lebensgeschichte. Die Geschichte der Société des Admirateurs et Admiratrices de Sissi wiederum erreicht deshalb mit diesem Almanach ihren vorläufigen Höhepunkt. Allen verehrten Leserinnen und Lesern wünsche ich viel Vergnügen.

»Sissi« ohne ORF. Das *Österreichische Fernsehen (ORF)* steigt nach eigenen Angaben aus der geplanten deutsch-österreichischen Serienproduktion über das Leben der Kaiserin Elisabeth aus. Ohne Rücksicht auf historische Realität wäre bei dem Projekt »spektakulär und spekulativ ein nationales Denkmal« gestürzt worden, begründet der *ORF* den Ausstieg. Das »Klischee der süßen Sissy aus den Marischka-Verfilmungen« sei durch ein Gegenklischee des gescheiterten Lebens der unglücklichen Wittelsbacher Prinzessin ersetzt worden. An einer Produktion, die mit Geschmacklosigkeiten statt mit historisch belegten Fakten aufwarte, habe man kein Interesse. Der *ORF* hätte zu der gemeinsam mit dem *Bayerischen Rundfunk* und der deutschen *Taurus-Beteiligungsgesellschaft* geplanten Großproduktion rund 4,8 Millionen Franken beisteuern sollen, rund ein Drittel der Gesamtkosten. (apa)[23]

Mitteilung der Schweizerischen und Deutschen Depeschenagentur:

Wien, 9. Okt. 1996 (sda/dpa) "Sissi", die als Kaiserin von Österreich dem Hof trotzte und sich ihren ganz eigenen Lebensstil erkämpfte, wurde noch zu Lebzeiten zum Mythos. Anläßlich ihres 100. Todestages am 10. September 1998 greift bereits jetzt voll die Vermarktung dieses Mythos um sich

So wird nicht nur eine Zeichentrickserie in das Leben Sissis entführen. Saban Entertainment, Hersteller der 52teiligen Serie "Prinzessin Sissi", hat bereits zahlreiche Lizenznehmer gefunden — vom Spielzeugkonzern bis zum Fertighausunternehmen. Der Reigen der Sissi-Produkte wurde stilgerecht im Schönbrunner Schloßtheater in Wien präsentiert.

Die Serie "Prinzessin Sissi", eine Co-Produktion von RAI, France 3, ARD und der kanadischen Cine Group, wird erstmals Ende 1997 in europäischen Fernsehanstalten ausgestrahlt. Im Mittelpunkt der Serie steht das Leben der jungen bayerischen Prinzessin und deren Liebe zu Kaiser Franz Joseph. Regie führt Bruno Bianchi.

Gezeichnet wird allerdings ein nicht ganz der Geschichte folgendes Bild, denn Sissi muß in der Serie nicht nur erblonden, auch deren Schwester Helene muß als Feindbild herhalten, die gemeinsam mit der künftigen Schwiegermutter Sophie gegen die Hochzeit intrigiert. Eingeführt wird auch die Figur des Zottornick, korrupter Berater von Franz Josephs Mutter Sophie, dessen politische Intrigen sich gegen Sissis Vater, Herzog Max, richten, der in der Serie den Kampf der Ungarn gegen die Unterdrückung durch die Österreicher unterstützt.

Nachgespielt werden können die Sissi-Episoden mit Sissi-Puppen, die sich im Aussehen an die Zeichentickserie anlehnen. Sissi im Ballkleid, Sissi im Reitdreß, Sissi tanzend mit Franz Joseph… Auch an Accessoires wurde gedacht, vom Schloß bis zum Pferd, von der Haarbürste mit Musik bis zum Sissi-Schmuck. Doch nicht nur die Puppen werden ausstaffiert: Deichmann bietet Sissi-Schuhe, Alcedo Sissi-Schultertaschen.

Und auch vor der Erwachsenen-Welt macht der Sissi-Boom nicht Halt: Bei ExNorm sind zwei Sissi-Fertighäuser erhältlich. Sissi Princess, das sich im Stil an die Bauten rund um den Starnberger See anlehnt und Sissi Imperial, im kaiserlichen Gelb gehalten, architektonisch an Schloß Schönbrunn angelehnt. Selbst der Balkon, von dem kaiserlich gewunken werden kann, darf nicht fehlen.

Und wer nicht nur am festen Boden, sondern auch in der Luft dem Sissi-Kult frönen will, der ist bei Austrian Airlines bestens aufgehoben. So wird das Sissi-Konterfei nicht nur einen Airbus A 321 zieren, sondern Sissi-Produkte werden auch über den Bordverkauf vertrieben. Spezielle Sissi-Check-Ins am Wiener Flughafen sollen Kindern das Fliegen schmackhaft machen.

Das Motto "Elisabeth — die Kaiserin und ihre Stadt" wird aber auch die Werbekampagne des Wien-Tourismus für 1998 prägen. Elisabeth wird etwa die Auslagen vieler Reisebüros in Deutschland und in der Schweiz zieren. Und in Frankreich, Belgien und Japan ist eine Plakatserie mit der Schauspielerin Sonja Kirchberger als Elisabeth geplant. Die Besucher erwartet in Wien etwa eine Sissi-Ausstellung in der Hermesvilla, Sissi-Spaziergänge oder das Kreisler Singspiel. Magnet in Wien soll aber auch im nächsten Jahr das Musical "Elisabeth" im Raimundtheater sein.

Die Prinzessin, 1997

1 Kaiserin Elisabeth in: Konstantin Christomanos, *Elisabeth von Österreich. Die Tagebuchblätter*, hg. Verena von der Heyden-Rynsch, Frankfurt am Main 1993.

2, 3, 4, 5 Chris Stadtländer. *Sisi. Die geheimen Schönheitsrezepte der Kaiserin und des Hofes*, Wien, 1995.

6 Süddeutsche Zeitung, 19.2.1997.

7, 8, 9, 10, 11, 12, 13, 14, 15 Kaiserin Elisabeth, *Das poetische Tagebuch*, hg. Brigitte Hamann, Wien, 1997.

16 Elisabeth von Österreich. *Einsamkeit, Macht und Freiheit*, Ausstellungskatalog, Hermesvilla, Wien 1987.

17 Kaiserin Elisabeth in: Constantin Christomanos, *Elisabeth von Österreich. Die Tagebuchblätter*, hg. Verena von der Heyden-Rynsch, Frankfurt am Main 1993.

18 Garry Wills, *John Wayne's America: The Politics of Celebrity*, New York 1997, zit. nach Michel Wood, »John Wayne Agonistes«, *New York Review of Books*, 24. April 1997.

19, 20 Kaiserin Elisabeth in: Constantin Christomanos, *Elisabeth von Österreich. Die Tagebuchblätter*, hg. Verena von der Heyden-Rynsch, Frankfurt am Main 1993.

21 *Der Bund Eidgenössisches Centralblatt*. 14.9.1898.

22 Zeitungsnotiz, ca.1993.

23 *Neue Zürcher Zeitung*, 17.2.1995.

Unterwegs
mit der Kaiserin

In Zusammenarbeit mit Gabriela Burkhalter

Die erste Reise Elisabeths führte von Possenhofen nach Ischl, die zweite von München nach Wien zur Vermählung mit dem Kaiser von Österreich. Es folgten die Flitterwochen in Laxenburg südlich von Wien, anschließend verschiedene offizielle Reisen gemeinsam mit dem Kaiser nach Böhmen, Mähren, Steiermark, Kärnten und Italien. Diese Visiten im Dienste der Monarchie mußten Truppenbewegungen geglichen haben: Nach Oberitalien im Winter 1856/57 beispielsweise wurden 37 Kutschen mitgeführt. In den achtziger Jahren, nachdem sie ihre Reitausflüge nach England und Irland aufgegeben hatte, beschränkte sich die Kaiserin auf eine kleinere Gefolgschaft. In den neunziger Jahren umfaßte diese 14 Personen. Für ihre Reisen benutzte Elisabeth oft ihren eigenen Zug mit Salon- und Schlafwagen. Am liebsten war sie jedoch auf dem Meer unterwegs. Ihr Lieblingsschiff war die kaiserliche Yacht »Miramar«, 1872 erbaut und mit einem 2000-PS-Motor betrieben. Ein anderes Schiff, das gelegentlich eingesetzt wurde, war die etwas ältere Raddampferyacht »Greif«.

Die Yacht Miramar

Da wir weder Salonwagen noch ein eigenes Schiff besitzen und unsere Einkünfte auch nicht aus der kaiserlichen Schatzkammer bestreiten, haben wir uns auf die wichtigsten Schauplätze konzentriert und folgende Orte ausgesucht: **München** und den **Starnberger See**, wo Elisabeth aufgewachsen ist; **Bad Ischl** und Umgebung, wo sie sich mit Franz Joseph verlobt hat und ihr Leben eine neue Wendung nahm; **Wien**, ihre neues Zu-

Salonwagen der Kaiserin (1873/74)

hause, in dem sie nie heimisch wurde; **Budapest** und **Gödöllö**, wo sie mit offenen Armen empfangen wurde; **Korfu**, die Insel, auf der sie die Villa Achilleion errichten ließ, und **Genf**, wo sie am 10. September 1898 umgebracht wurde.

Schlafabteil des Salonwagens

München, Possenhofen und Starnberger See

Elisabeth Amalia Eugenia in Bayern wird am 24. Dezember 1837 um 10.43 Uhr als viertes Kind von Ludovika (1808-1892) und Max in Bayern (1808-1888) geboren. Ihr Geburtsort ist München, das **Herzog-Max-Palais** an der Ludwigstraße. Die Ludwigstraße ist bis heute eine der Prachtstraßen Münchens. Sie geht auf König Ludwig I. von Bayern (1786-1848) und seinen berühmten Hofarchitekten Leo von Klenze (1784-1864) zurück und wurde 1817 begonnen. Das Ziel war die Errichtung einer monumentalen Allee im klassischen Stil, die an die prachtvollen Architekturleistungen der italienischen Renaissance erinnern sollte. Das Herzog-Max-Palais entstand zwischen 1828 und 1831. Hinter der strengen klassizistischen Fassade verbarg sich eine freisinnige und frivole Innenausstattung: Max in Bayern, der Vater von Elisabeth, hatte ein »Café chantant« nach Pariser Vorbild eingerichtet, den Tanzsaal mit einem freizügigen »Bacchusfries« ausschmücken lassen und im Hof einen Zirkus installiert.

Herzog Max stammte aus einer Seitenlinie der Wittelsbacher, er übte keine offizielle Funktion aus und konnte sich deshalb auf seine privaten Interessen konzentrieren. Im Winter wohnte die Familie in München, im Sommer zog sie auf den Landsitz nach **Possenhofen** am idyllischen **Starnberger See** südlich von München. Herzog Max hatte das 1536 erbaute Schloß Possenhofen 1834 erworben, es in ein Lustschloß umwandeln und von einem englischen Landschaftspark umgeben lassen. 1860 entfernte er jedoch einen Großteil der Renaissance- und Barockausstattung und gestaltete das Schloß mit seinen vier Türmen in eine mittelalterliche Burg um.

Schloß Possenhofen 1997

Die Kaiserin hielt sich auch nach ihrer Heirat mit Franz Joseph regelmäßig am Starnberger See auf. Sie wohnte jedoch nicht im Schloß Possenhofen, sondern in **Feldafing**, etwa 1 Kilometer südlich des Schlosses, im damaligen Hotel Strauch, seit 1900 Hotel Kaiserin Elisabeth, heute **Golfhotel Kaiserin Elisabeth**. F. Kistler (1862-1940), Oberlehrer in Feldafing, verfaßte über die Aufenthalte der Kaiserin eine Chronik (im Hotel erhältlich, hier gekürzt wiedergegeben): »24 Sommer verbrachte sie bei uns, meist 3-4 Wochen. Ihr Absteigequartier war von 1870 an das Hotel Strauch. Stets kam sie begleitet von der Prinzessin Valerie, in einem Extrazug, mit dem auch 15-18 Pferde und mehrere Equipagen mitgeführt wurden. Das Gefolge bestand meist aus 50 Personen. Zum hiesigen Aufenthalt führte die Kaiserin für sich und ihren Hofstaat das benötigte Geschirr mit, auch für die Konditorei. Zwei Köche waren angestellt, die nur für Bäckereien und Kaltes zu sorgen hatten. [...] Manchmal trat die Majestät in der Umgebung in ein Bauernhaus, wo sie sich nach Zusicherung, daß alle Kühe des Stalles gesund seien, in einem ›Weitling‹ Milch vorsetzen ließ. Keine Bäuerin ahnte, daß die Fremde, die sich die einfache Kost so schmecken ließ, die Kaiserin sei. [...] Vormittags fuhr oder ging die Kaiserin an schönen Tagen zum See, um dort ein Bad zu nehmen. Die ganze Badeanstalt war dann für sie beschlagnahmt. Zwei Gendarme bewachten die Wege. Sie badete dann im Strauchschen Damenbade. Eine junge Mährin verrichtete die Dienste einer Badefrau. Dieser oblag die Körperpflege der Kaiserin. Das Mädchen trug eine rote Kopfbedeckung, die weit zum Rücken herabreichte. Es war in allem recht sauber beisammen. Nach dem Bade unternahm die Majestät in den königlichen Anlagen einen Spaziergang. Hier konnten sie die Fremden am besten von Angesicht zu Angesicht sehen. Nicht selten pflegte sie auch im Abenddunkel, wenn sie des Tages durch Besuche verhindert war, nur von ihren gelben Doggen gefolgt, noch die schönen Wege der Umgebung zu begehen. Besonders gerne wandelte sie dem Seeufer entlang nach Garatshausen. [...] Bei Anwesenheit dieser hohen Herrschaften wurde Feldafing das Ziel besonders vieler Fremden, von denen jeder das Kaiserpaar zu sehen hoffte. Vor dem Hotel und im Hofe desselben hatten sich diese angesammelt, um beide [den Kaiser und die Kaiserin] beim Ausreiten ansichtig zu werden. Die hohen Herrschaften hatten unbemerkt hinter der Stallung ihre Pferde

Statue der Kaiserin im Park des »Golfhotel Kaiserin Elisabeth« in Feldafing

bestiegen und waren zum Dorf hinausgeritten. [...] War die Kaiserin in Possenhofen oder hier zum Aufenthalt gemeldet und eingetroffen, so säumte König Ludwig II. nicht, sie zu begrüßen. Besonders während der Jahre 1870-1885, wo der König auf **Schloß Berg** weilte und häufig zur **Roseninsel** herüberkam, gab es zwischen ihr und ihm oft im Hotel Strauch um Mitternacht ein Wiedersehen. [...] Die Kirche und die Gemeinde Feldafing zählen die Kaiserin zu ihrer Wohltäterin. Sooft sie hier eintraf, ließ sie der Armenkasse einen nahmhaften Beitrag überweisen. Zur steten Erinnerung an sie stiftete ihr Gemahl ein schönes **Kirchfenster**. Auch über ein **Marmordenkmal**, das die Kaiserin etwas überlebensgroß darstellt, verfügt unser Ort seit Mai 1926.« Kistler berichtet weiter, daß sich die Kaiserin im Hotel einen Turnsaal einrichten ließ, Unterricht im Florettfechten nahm, sich auf den zum Hotel gehörenden Kähnen auf den See hinausfahren ließ und regelmäßig Spaziergänge unternahm. Besonders gern ging sie nach **Garatshausen** und in die Wallfahrtskirche **Andechs**. »Neugierigen Blicken entzog sie sich [in den neunziger Jahren] auf Spaziergängen dadurch, daß sie krampfhaft ihren Sonnenschirm oder großen Fächer vor das Gesicht hielt. Die Innenseite des Fächers enthielt einen Spiegel, um zu kontrollieren, wer hinterher folgte.« (Kistler)

Unweit des Hotels, etwa 200 Meter vom Ufer entfernt, befindet sich die **Roseninsel**. Sie war ein bevorzugter Aufenthaltsort von Ludwig II. (1845-1886), einem direkten Cousin von Elisabeth. Der bayrische König war wegen seiner Märchenschlösser, angeblichen Geisteskrankheit und leidenschaftlichen Wagnerverehrung bereits zu Lebzeiten eine Legende. Er ertrank 1886 im Starnberger See. Zur Übersetzung auf die Roseninsel

Die Roseninsel im Starnberger See

stand der Kaiserin ein eigener Steg zur Verfügung. Er befand sich, neugierigen Blicken gut verborgen, im Schilf etwas rechts vom heutigen Steg. 1881 trafen sich Ludwig II. und Elisabeth, begleitet von ihrem Mohren Rustimo, auf der Roseninsel. Auf der Rückfahrt im Ruderboot sang Rustimo fremde Volkslieder zur Gitarre, wofür er von Ludwig II. mit einem Ring belohnt wurde. Am 20. Juni 1885 besuchte die Kaiserin die Roseninsel erneut, fand aber Ludwig nicht vor. Als Gruß hinterließ sie ihm ein Gedicht:

Gruß von der Nordsee.

Du Adler, dort hoch auf den Bergen,
Dir schickt die Möve der See
Einen Gruß von schäumenden Wogen
Hinauf zum ewigen Schnee.

Einst sind wir einander begegnet
Vor urgrauer Ewigkeit
Am Spiegel des lieblichsten Sees,
Zur blühenden Rosenzeit.

Stumm zogen wir nebeneinander
Versunken in tiefe Ruh'...
Ein Schwarzer nur sang seine Lieder
Im kleinen Kahne dazu.

Ludwigstraße in
München, wo Elisabeth
geboren wurde

München

Herzog-Max-Palais, Ludwigstraße 13. Das Palais
wurde 1937 abgerissen und durch das Gebäude
der Landeszentralbank in Bayern ersetzt.

Zentrum für Außergewöhnliche Museen (ZAM),
Westenriederstraße 41, 80331 München, Tel.
und Fax +49/89/2 90 41 21. Öffnungszeiten:
tägl. 10-18 Uhr, Eintritt: DM 8; (Zweigstelle des
ZAM: Tegernseer Str. 32, 83708 Kreuth-Enter-
bach (südlich des Tegernsees), Tel.
+49/80 22/9 53 00, Fax +49/80 22/9 56 83, Öffnungszeiten: tägl. 13-17 Uhr, Eintritt: DM 8). Das
ZAM von Manfred Klauda umfaßt das »Erste
Nachttopf Museum der Welt«, das »Erste Tretauto Museum der Welt«,
das »Erste Osterhasen Museum der Welt«, das »Erste Korkenzieher
Museum der Welt« und vor allem das »Sisi Museum«. Letzteres ist dem
Gedenken der Kaiserin von Österreich gewidmet und präsentiert einige hundert Objekte aus dem persönlichen Be-
sitz der Kaiserin: Kleidungsstücke, Briefe, Möbel, Gemälde und Originalphotographien.

Hofbräuhaus, Platzl 9, täglich 9-24 Uhr. Hier
ging Kaiserin Elisabeth anläßlich der Besuche
ihrer Familie gern inkognito auf ein Glas vorbei.

Nymphenburger Schloß, Öffnungszeiten: tägl.
außer Mo 9-12.30/13.30-17 Uhr; Winter 10-
12.30/13.30-16 Uhr. Tram 12; Bus 41. Im Nymphenburger Schloß ist die berühmte Schönhei-
tengalerie von König Ludwig I. zu sehen. Ludwig I. war der Onkel von Elisabeth und ließ zwischen 1827 und 1850 die von ihm verehrten und
geliebten Frauen von Hofmaler Joseph Stieler
porträtieren. Unter den 36 Bildnissen befindet

Eingang zum ZAM
in München

sich das Porträt von Sophie, der Mutter von Franz Joseph, von Lola
Montez, der Liebhaberin von Ludwig I. – sie ist in Elisabeths Photo-
sammlung der schönsten Frauen ebenfalls vertreten –, aber auch die
Schustertochter Helene Sedlmayr.

Grand Hotel Continental, Max-Joseph-Straße 5. Hier stieg die Kaiserin
1898 ab. Im Zweiten Weltkrieg leider zerstört, wurde das Luxushotel in
den sechziger Jahren wieder aufgebaut.

Hotels:
Hotel Blauer Bock, Sebastiansplatz 9, 80331 München, Tel. +49/89/23 17
80, Fax +49/89/23 17 82 00; DZ ab DM 100.
Hotel Rafael, Neuturmstraße 1, 80331 München, Tel. +49/89/29 09 80,
Fax +49/89/22 25 39; DZ ab DM 570-730; Suiten DM 850-2200.

Starnberger See

Ein bekanntes und beliebtes Ausflugsziel der Münchner. Anreise ab München per Auto auf der Autobahn (ca. 30 Minuten), per Bahn mit der S6 Richtung Tutzing, Haltestelle Starnberg bzw. Feldafing (für das Golfhotel Kaiserin Elisabeth). In Starnberg empfiehlt sich der Besuch des Buchantiquariats Heinemann, Hanfelder Str. 6, 82319 Starnberg, Tel. +49/81 51/1 64 79 (Sammlung zu Sissi) und des Gasthauses »Zur Sonne« (ehem. Seefelderhof), wo die Kaiserin im Juni 1883 bei einem Fußmarsch von Pasing (heute Vorort von München) nach Feldafing eine Rast einlegte.

Feldafing:
Golfhotel Kaiserin Elisabeth, 82340 Feldafing, Tel. +49/81 57/ 10 13 82 88, Fax +49/81 57/49 39, DZ ab DM 150. Golfplatz 18 Löcher, Tennisplatz. Wer die Reise nach Possenhofen macht, sollte unbedingt in diesem Hotel absteigen, es hat einen speziellen Charme.

Marmordenkmal der Kaiserin: Im Garten des Golfhotels.

Kirchfenster: In der Kirche rechts hinter dem Golfhotel, zweites Fenster auf der rechten Seite.

Roseninsel: Begibt man sich vom Golfhotel aus zum See und hält dabei etwas nach rechts, gelangt man direkt zur Roseninsel. Überfahrt Frühjahr bis Herbst, Samstag 13-18 Uhr, Sonn- und Feiertage 10-18 Uhr, keine Überfahrt bei Schlechtwetter und Sturm. Min. 2 Pers., max. 12 Pers. (Info über Tel. +49/81 41/9 31 90, ab 19 Uhr, Fährmann Norbert Pohlus). Das Schlößchen auf der Roseninsel wird für 1998 renoviert.

Der Starnberger See

Schloß Possenhofen: Vom Golfhotel Kaiserin Elisabeth an den See hinunter, dann den Weg links am See entlang (ca. 20 Minuten zu Fuß, Wegbeschreibung auf Tafeln). Possenhofen blieb bis 1920 der Sommersitz der Herzöge in Bayern, danach wurde es zum Ferienheim für Kinder und im Zweiten Weltkrieg zum Lazarett. Mitte der achtziger Jahre wurde die Schloßruine renoviert und 28 Eigentumswohnungen eingebaut. Das Schloß ist nicht öffentlich zugänglich. Reste der Mauern und Wachtürme sind zu sehen.

Garatshausen: Vom Golfhotel Kaiserin Elisabeth an den See hinunter, dann links. Ein beliebter Spaziergang der Kaiserin. Sie mietete 1869 das dortige Schloß (Privatbesitz).

Andechs: Westlich von Feldafing, einer der ältesten Wallfahrtsorte Deutschlands.

Schloß Berg: 1640 errichtet, 1849/50 von König Maximilian II. im Stil der englischen Neugotik umgebaut. König Ludwig II. wurde nach seiner Verhaftung in Neuschwanstein nach Berg überführt, wo er kurze Zeit später im Starnberger See ertrank. Ein Kreuz erinnert an die Stelle, wo man ihn fand. Elisabeth besuchte ihren Cousin mehrere Male auf Schloß Berg.

Tegernsee: Südöstlich des Starnberger Sees (ca. 30 km) gelegen. Die Kaiserin widmete ihm ein Gedicht: »Was mir der Tegernsee erzählt« (Kaiserin Elisabeth, *Das poetische Tagebuch*, S.251). In Wildbad Kreuth, 10 km südlich des Tegernsees und bis heute Sitz der Herzöge von Bayern, schrieb sie 1887 an ihrem Gedichtzyklus »Winterlieder«.

Quellen:
Eckert, G., *Oberbayern*, 1988.
Hamann, B., *Elisabeth – Kaiserin wider Willen*, 1981.

Bad Ischl und Umgebung

Ischl, seit 1906 Bad Ischl, liegt im Salzkammergut östlich von Salzburg. Im 19. Jahrhundert wurde es für seine heilenden Solbäder bekannt. Dort kurte 1829 Kaiserin Sophie und gebar wenig später, nach Jahren des Hoffens, ihr erstes Kind, Franz Joseph, den künftigen Kaiser. Die Kaiserfamilie kehrte jedes Jahr zur Sommerfrische nach Ischl zurück, eine Tradition, an der Franz Joseph sein Leben lang festhielt. Oft in Begleitung der Kaiserin, der Kinder und Enkel verbrachte er bis auf drei Jahre jeden Sommer in Ischl. Die Anwesenheit des Kaisers, die in Mode kommenden Kuraufenthalte und die Schönheit der Gegend machten aus dem Städtchen ein mondänes Modebad, das sein Wasser in Flaschen in alle Welt exportierte. Der Ort zog neben Staatshäuptern, Adeligen und Neureichen auch viele Künstler an. Es gehörte zum guten Ton, in Ischl eine Villa zu besitzen oder sich in eine der teuren Wohnungen einzumieten. So kamen unter anderen die Könige von Bayern, Preußen, Holland, England, Spanien, Portugal, Griechenland, usw. nach Ischl, dazu Berühmtheiten wie Alfred Nobel, Schriftsteller, Komponisten und Schauspieler, wie Adalbert Stifter, Johann Nestroy, Johann Strauß, Johannes Brahms, Anton Bruckner, Karl Kraus, Isadora Duncan und Franz Lehár, später auch Romy Schneider, Helmut Berger und Thomas Bernhard. In Ischl verliebte sich Franz Joseph in Sissi, dort sah er 1898 Elisabeth zum letzten Mal, und dort unterschrieb er 1914 im »kleinen Salon« der **Kaiservilla** das Manifest »An meine Völker«, mit dem er, nach dem Attentat auf den Thronfolger Franz Ferdinand, die Kriegserklärung an Serbien rechtfertigte. Am 30. Juli 1914 verließ er sein geliebtes Ischl das letzte Mal.

Die große Liebe des Kaisers zu Ischl ging nicht zuletzt auf das Jahr 1853 zurück. Am 16. August 1853 trafen Ludovika, Herzogin in Bayern, und ihre beiden Töchter Helene (Néné) und Elisabeth in Ischl ein, wo sie im **Hotel Tallachini** abstiegen. Franz Joseph, längst im heiratsfähigen Alter, sollte mit Helene, seiner Cousine, zusammentreffen. So hatten es die beiden Mütter und ihrerseits Schwestern Sophie und Ludovika geplant, ohne an Elisabeth, das fünfte Rad am Wagen, zu denken. Ludovika hatte Sissi mit nach Ischl genommen, um sie von ihrem Liebeskummer abzulenken. Die Fünfzehnjährige hatte sich in

Das ehemalige »Hotel Elisabeth« (ehem. »Hotel Tallachini«) und die »Kaiserin Elisabeth Brücke« in Bad Ischl

einen »indiskutablen« Grafen verliebt, der daraufhin vom Hof in München fortgeschickt und kurze Zeit später gestorben war. Sissi war untröstlich, zog sich stundenlang in ihr Zimmer zurück und verfaßte melancholische Liebesgedichte.

Das ehem. Seeauer-Haus an der Esplanade, wo sich Franz Josef in Elisabeth verliebte

In Ischl angekommen, begegneten die drei Frauen dem Kaiser und seiner Mutter im **Seeauerhaus** an der Esplanade, dem Wohnort der Kaiserfamilie während des Sommers. Der Kaiser verliebte sich sogleich in Elisabeth, nicht, wie vorgesehen, in Helene. »Nein, wie süß Sissi ist, sie ist frisch wie eine aufspringende Mandel, und welch herrliche Haarkrone umrahmt ihr Gesicht! Was hat sie für liebe, sanfte Augen und Lippen wie Erdbeeren«, soll Franz Joseph am nächsten Morgen seiner Mutter mit verliebten Augen gesagt haben. Am selben Abend fand anläßlich des bevorstehenden Geburtstags des Kaisers am 18. August ein Ball statt. Bei dieser Gelegenheit tanzte Franz Joseph den Kotillon mit Elisabeth und übergab ihr sein Bukett – das Zeichen, daß sie seine Auserwählte war. Bereits am übernächsten Tag, am 19. August um 11 Uhr, erfolgte in der **Ischler Pfarrkirche** die offizelle Verlobung des Paares. Beim Eintritt in die Kirche blieb die Erzherzogin Sophie vor dem Portal stehen und gab der jungen Nichte den Vortritt: Mit dieser Geste ordnete sich die Kaisermutter der Kaiserbraut unter. Die noch nicht sechzehnjährige Sissi verstand nicht recht und war vom Rummel und den auf sie gerichteten Augen und Erwartungen überfordert. Nach der kirchlichen Segnung begab sich die Gesellschaft zum Diner nach **Hallstatt**. Es folgte eine Spazierfahrt durch die bezaubernde Landschaft des Salzkammergutes und die Rückkehr nach Ischl, wo das Paar im Licht von Zehntausenden von Kerzen und Lampen in den österreichischen und bayrischen Nationalfarben begrüßt wurde. Am 31. August traten die beiden Familien ihre Heimreise an. Im festlich geschmückten Salzburg trennten sich die Verlobten.

Die Kaiservilla in Bad Ischl

In Erinnerung an diese glücklichen Tage in Ischl schenkte die Kaisermutter dem jungen Paar die Villa des Wiener Arztes Eltz, die sogenannte Kaiservilla. Diese befindet sich am nördlichen Rand der Stadt, zwischen dem Fluß Ischl und der bewaldeten Bergkuppe des Jainzens, umgeben von einem Park. 1873 erhielt sie durch den Anbau von zwei Seitenflügeln den Grundriß des Buchstabens E wie Elisabeth. Die Springbrunnenanlage auf dem Vorplatz datierte von 1881, die Skulptur dahinter, »Lauscher« genannt, ist ein Geschenk der Königin von England an die Kaiserin.

Der Park entstand mit der baulichen Erweiterung der Villa in den siebziger Jahren. Der aus Laxenburg berufene Hofgärtner Franz Rauch legte den Park im landschaftlichen Stil vor dem Hintergrund der Berge an. Er gilt heute als Meisterwerk idealisierter Naturgestaltung. Die Wege schlängeln sich durch das Gehölz und übernehmen die Rolle eines »stummen Führers«. So schlendert man an drei Wiesenlichtungen, an verschiedenen Baumgruppen (Fichten, Eschen, Ahorn u.a.) und drei romantisch gelegenen Staffagebauten vorbei: **Cottage**, Gloriette und Spiegellusthaus. Das Cottage oder »Marmorschlössel« war der Lieblingsaufenthaltsort der Kaiserin. In Vegetation gehüllt, aus rotem Marmor errichtet und im Innern mit Holz ausgekleidet, war es ein idealer Zufluchtsort. Die Gloriette war als Verlobungspavillon Valeries bestimmt, der jüngsten Tochter des Kaiserpaars.

Das Cottage im Park der Kaiservilla, Elisabeths bevorzugter Aufenthaltsort

Am Zauberberg

Ja, wahrlich, ich bin eine Tochter der Luft,
Verachtend die lästigen Kleider;
Ich bade die Glieder in würzigem Duft
Und spotte hier oben der Schneider.

Ich strecke die Arme dem goldenen Strahl
Der steigenden Sonne entgegen,
Die strotzenden Muskeln, wie bräunlicher Stahl,
Die muß mir der Morgentau pflegen.

Der Jainzen in Bad Ischl,
Elisabeths »Zauberberg«

Es schwingen und drehen den Bergstock voll Mut
Die Hände, die dunkel geküssten
von südlich versengender, brennender Glut
An Asiens, Afrikas Küsten.

Ich werfe mich nieder ins schwellende Moos
Und recke die Beine hoch über;
Da ziehen im Kopfe die Lieder mir bloß
Und oben die Wolken vorüber.

So eilen die Stunden, die flüchtigen, fort,
Es mischen sich Wolken und Träume;
In tieferes Blau färbt der Himmel sich dort,
Es dunkeln die Schatten der Bäume.

Vom Horizont heben die Berge sich scharf,
In mächtigen, kecken Contouren,
Wo scheidende Strahlen die Sonne erst warf,
Trägt rosig das Eisfeld noch Spuren.

Und drüber erglänzet in klassischer Ruh'
Der Luna hellsilberne Scheibe.
Es dränget mein Geist ihr voll Sehnsucht schon zu,
Und rüttelt am hemmenden Leibe.

Geduld nur! du unruhiger, unsteter Geist,
Es wird sich dein Sehnen erfüllen,
Wie heute vom Leibe die Kleider, so dreist
Wirfst bals du vom Geist' auch die Hüllen!

Bad Ischl

Bad Ischl liegt östlich von Salzburg. Es ist das älteste Solbad Österreichs, dessen Besuch wir sehr empfehlen, besonders im Winter, wenn man, im warmen Außenbecken sitzend, den verschneiten Jainzen bewundern kann. In der Eingangshalle hängt ein Porträt von Franz Joseph und Elisabeth von 1855. Kaisertherme, Bahnhofstraße 1, A-4820 Bad Ischl, tägl. geöffnet.

Hotel Tallachini, An der Esplanade, 1845 eröffnet, später »Hotel Elisabeth«, jetzt Restaurant und Supermarkt. In der Nähe befindet sich die »Kaiserin-Elisabeth-Brücke« (1899).

Seeauerhaus. Museum der Stadt Ischl, Esplanade 10, A-4820 Bad Ischl, Tel. +43/61 32/2 54 76, geöffnet Dienstag-Sonntag 10-17 Uhr, Mittwoch 14-19 Uhr (geschl. 10.1.-31.1.) Gehörte dem Bürgermeister Wilhelm Seeauer. Von 1844 bis 1877 war es das jährliche Sommerquartier von Erzherzog Franz Karl und Sophie, den Eltern des Kaisers. 1880 wurde es umgebaut und später »Hotel Austria« genannt. Seit 1989 beherbergt es das Museum der Stadt Ischl mit interessanten Ausstellungen zur Ortsgeschichte und dem Aufenthalt der Kaiserfamilie.

Ischler Pfarrkirche, Kaiser-Franz-Joseph-Straße, tägl. geöffnet. Seit 1320, neu erbaut 1780, mit Fresken (1874-1882) im Stil der Nazarener vom Tiroler Maler Georg Mader, dargestellt ist u. a. die Krankenölung von Franz Karl, mit Franz Joseph und Elisabeth im Hintergrund.

Kaiservilla, Von Mai bis Oktober täglich geöffnet, der Park ganzjährig bis 19 Uhr. Die Villa blieb auch nach Abschaffung der Monarchie im Besitz der Habsburger und wird bis heute von einem Nachkommen bewohnt.

Cottage, Öffnungszeiten: tägl. 9.30-17 Uhr, 1.4.-31.10. Beherbergt die »Photosammlung des Landes Oberösterreich. Sammlung Frank«. Das Cottage wurde 1926 von der Wiener Molkerei erworben, heute ist darin ein Fotomuseum untergebracht.

Jainzen. Vom Park der Kaiservilla aus zugänglich. Lieblingsberg der Kaiserin, von ihr »Zauberberg« oder »Felsgemahl« genannt. Der Bildstock mit dem Gedicht der Kaiserin ist nicht mehr vor Ort.

Tip für Kuchen und Kaffee: Konditorei Zauner, Pfarrgasse 7, gegründet 1832, war im Besitz des Geheimrezepts des Gugelhupfs, den die »Freundin« Katharina Schratt dem Kaiser servierte.

Die Ischler Pfarrkirche, in der die Verlobung 1853 gesegnet wurde

Hotels:
Landhotel Hubertushof (nahe der Kaiservilla), Götzstraße 1, A-4820 Bad Ischl, Tel. +43/61 32/2 44 45, Fax +43/6132/24 44 51 04, DZ ab öS 600.-

Informationen: Kurdirektion, Bahnhofstraße 6, A-4820 Bad Ischl. Tel. +43/61 32/27 75 70, Fax +43/61 32/2 77 57 77 (auch Infos zu Sissi-Aktivitäten).

Hallstatt

Es lohnt sich, einen Ausflug nach Hallstatt zu machen, nicht nur, weil dort das Kaiserpaar an seinem Verlobungstag im ehemaligen »Hotel Post« abgestiegen ist (siehe Gedenktafel). Das am See liegende und den Berghang hinaufgebaute Städtchen verdankt seine Existenz der Salzgewinnung. Bereits die Kelten bauten vor 4500 Jahren dort Salz ab.

1840 wurde im Hallstätter Hochtal ein Gräberfeld mit reichen Grabbeigaben aus der Zeit 800 bis 400 v. Chr. entdeckt. Die spektakulären Funde brachten dem Ort internationale Aufmerksamkeit, und bis heute wird diese Epoche der Menschheitsgeschichte »Hallstattzeit« genannt. Im Sommer 1856 erfolgte im Beisein von Kaiser Franz Joseph und Kaiserin Elisabeth die feierliche Freilegung der Gräber 340 und 341.

Ein Spaziergang mit informativen Schautafeln führt heute an der alten Salinenleitung entlang auf den Salzberg und vorbei am »Franz-Joseph-Stollen«, der am 13. August 1856 in Anwesenheit des Kaiserspaares angeschlagen wurde. Den Salzberg kann man besuchen, ein prähistorisches Museum informiert über die »Hallstattzeit«. Beeindruckend ist auch das Beinhaus neben der katholischen Kirche.

Information: Tourismusverband Hallstatt, Postfach 7, A-4839 Hallstatt, Tel. +43/61 34/82 08, Fax +43/61 34/83 52. Informationsbüro Salzbergwerk, Tel. +43/61 34/82 51 72.

Der »Franz-Josef-Stollen« am Salzberg oberhalb Hallstadt

Hotel:
Gasthof Simony, Fam. Scheutz-Höplinger, A-4839 Hallstatt, Tel. +43/61 34/82 31. DZ ab öS 600.

Die Kaiserin unternahm auch in Ischl viele Spaziergänge und Wanderungen, unter anderem:
Bad Ischl – Rudolfsturm (ehem. Wehrturm, schöner Aussichtspunkt, mit Bergrestaurant) – Hallstatt – Wildbachstrub im Echerntal (Wasserfall) – Bad Ischl (Sommer 1865).
Bad Ischl – Salzberg – Hütteneckalm bei Goisern – Rast im Alpengasthaus auf 1240 m – Bad Ischl (Sommer 1884).
Bad Ischl – Flutergraben – Loser – Übernachtung in der Loserhütte auf 1504 m – Bad Ischl (Sommer 1884).
Bad Ischl – Offensee (hier befand sich ein kaiserliches Jagdschloß mit kleiner Kapelle, bis heute).
Bad Ischl – Langbathsee (hier befand sich ebenfalls ein kaiserliches Jagdschloß, heute Forstverwaltung Ebensee).
Bad Ischl – Almsee – Jagersimmel – Oedenseen – hintere Bernerau – Brunnenwinkel – Steyerling (siehe Gedenktafel in und am Gasthof »Zur Kaiserin Elisabeth«) – per Pferdewagen über Klaus, Michelsdorf, Magdalenaberg, Pettenbach, Scharnstein nach Gmunden – von Gmunden per Postkutsche über Ebensee nach Bad Ischl zurück.
Bad Ischl – Rettenbachmühle (beliebter Spaziergang der kaiserlichen Familie, bis heute ein beliebtes Ausflugsziel, mit Restaurant).
Bad Ischl – Villa Frauenstein am Wolfgangsee (in der Villa Frauenstein wohnte die »Freundin«, die Schauspielerin Katharina Schratt).

Quellen:

Hamann, B., Elisabeth – Kaiserin wider Willen, 1981.
Handlechner, J. H. und Heide, H., Bad Ischl. Die Stadt und ihre Umgebung, Linz 1993
Paschl-Bichler, G., Die Habsburger in Bad Ischl, Graz 1997
Sterzinger, I. u. R., Auf den Spuren von Kaiserin Elisabeth, 1996.
Urstöger, H. J., Hallstatt-Chronik, 1994.

Wien

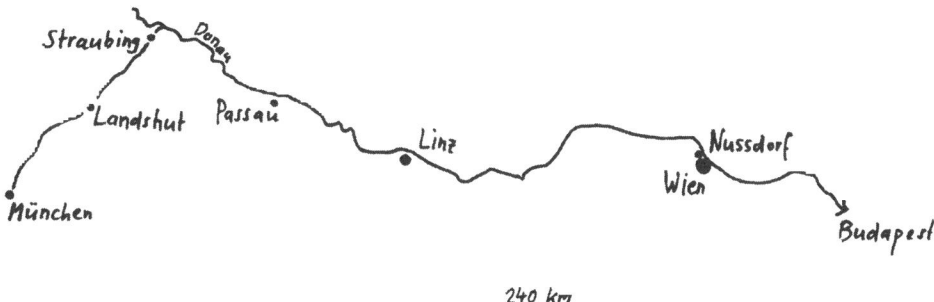

Am 20. April 1854 verabschiedete sich die sechzehnjährige Elisabeth von ihrem Münchner Zuhause. Jedem Angestellten übergab sie ein kleines Geschenk. In Begleitung ihrer Mutter und Geschwister reiste sie von München nach Straubing an der Donau und von dort flußabwärts nach Wien. Drei Tage später trafen sie nach 530 km in **Nußdorf** bei Wien ein, wo sie von Franz Joseph empfangen wurden. Per Wagenzug erreichten sie **Schönbrunn**, seit Kaiserin Maria Theresia (1740-1780) die Sommerresidenz der Habsburger. Auf dem Balkon des Barockschlosses zeigte sich Sissi dem »hochaufjubelnden Publikum«. Am nächsten Tag fuhr das Brautpaar, vorbei an geschmückten Häusern und langen Tribünen mit Schaulustigen, in die **Hofburg** ein. Dort wurde die erschöpfte Sissi in die von ihrer Schwiegermutter vorbereiteten Gemächer geführt.

Nußdorf

Am 24. April fuhren Elisabeth und Franz Joseph im vier Tonnen schweren, von acht Lippizanern gezogenen und reich vergoldeten Imperialwagen in die **Augustinerkirche**, wo sie um 19 Uhr in der mit rotem Samt ausgelegten und von 15000 Kerzen erleuchteten Hofkirche feierlich getraut wurden. Der Erzbischof von Wien, assistiert von 70 Bischöfen und Prälaten, spendete dem Paar den göttlichen Segen. Anschließend zeigte sich das frischvermählte Paar im offenen

Schloß Schönbrunn

Die Augustinerkirche, in der 1854
die Trauung stattfand

Zweispänner dem festlich erleuchteten Wien. Einige Tage später fand auf dem **Prater** ein Volksfest statt, wo sich das Paar abermals der Bevölkerung präsentierte. Zum großen Vergnügen der Kaiserin besuchten sie die Galavorstellung des berühmten Zirkus Renz. Die Heiratsfestlichkeiten endeten am 27. April mit einem städtischen Ball in der **Winterreitschule** und in den Redoutensälen der Hofburg. Anläßlich dieses Festes wurde Johann Strauß' Komposition »Elisabethsklänge«, eine Verschmelzung der österreichischen Kaiserhymne und des »Bayernliedes« von Franz Lachner uraufgeführt (Opus 154, »Myrthen-Kränze« auf CD: J. Strauß Jr.: Waltzes, Polkas, Marches Vol.6, CSSR State Phiharmonic Orchestra unter Oliver Dohnányi, Marco Polo 8.223206).

Das Paar verbrachte seine Flitterwochen auf **Schloß Laxenburg** südlich von Wien. Jeden Morgen begab sich der Kaiser pünktlich und pflichtbewußt zur Arbeit in die Hofburg. Elisabeth blieb in einem Kreis fremder Menschen allein zurück und litt unter Heimweh. Einsam fühlte sie sich auch in Wien, weil Franz Joseph vom Krimkrieg und dessen politischen und finanziellen Folgen völlig eingenommen wurde. Seine Mutter blieb weiterhin die wichtigste Bezugsperson. Er brachte ihr höchste Achtung und Gehorsam entgegen, was diese auch von ihrer Schwiegertochter erwartete. Diese Erwartungen und das Alleinsein belasteten die junge Kaiserin. Ihre Isolierung vergrößerte sich zusätzlich, als sie mit dem überheblichen und oberflächlichen Wiener Hof in Konflikt geriet. Die Hofgesellschaft beurteilte die Menschen nach ihrem Reichtum und ihrer Herkunft, Kriterien, die in Elisabeths Elternhaus wenig Bedeutung hatten. Zudem erregte die neue Kaiserin wegen des »unreinen« Stammbaumes, der bescheidenen Hochzeitsausstattung und der mangelhaften Umgangsformen von Anfang an Naserümpfen.

Die gespannte Situation kulminierte 1860 in Elisabeths seelischem und körperlichem Zusammenbruch und ihrer Flucht nach Possenhofen. Es entstanden Gerüchte über Liebschaften Franz Josephs, auf die Elisabeth sehr heftig reagierte. Hinzu kamen die große Strenge ihrer Schwiegermutter Sophie, drei Geburten innerhalb von dreieinhalb Jahren, der Tod ihres ersten Kindes Sophie 1857 und die lange Abwesenheit ihres Gemahls während der Italienkrise 1859/60. Daß ihre liberaleren Ansichten neben Sophies Einfluß nichts galten, verletzte sie zusätzlich. Auf Anraten der Ärzte reiste Elisabeth zur Kur, sie entschied sich für Madeira und Korfu. Nach fast zwei Jahren Abwesenheit kehrte sie als schöne, selbstbewußte Frau nach Wien zurück. Elisabeth war sich ihrer Macht und Stellung bewußt geworden. Sie war jedoch nicht bereit, ihre Rolle als Kaiserin auszufüllen, und verweigerte Repräsentationspflichten. Beispielsweise blieb sie 1869 der Eröffnungsfeier der neuen **Hofoper** mit einem ihr gewidmeten Salon unter fadenscheinigem Vorwand fern. 1873 entzog sie sich der Wiener Weltausstellung, indem sie eine Unpäßlichkeit vorschob und dem Wiener Rummel in die stille Bergwelt entfloh. Als sie sich zudem für die nationalen Ansprüche Ungarns zu engagieren begann, wurde die Kluft zwischen ihr und dem Wiener Hof unüberbrückbar.

Die Hermesvilla
im Lainzer Tiergarten

Statt in Wien an gesellschaftlichen Anlässen teilzunehmen, reiste sie zu den besten Jagden nach England, Irland und Gödöllö. Da sie sich in Wien nirgends wohlfühlte, ließ ihr Franz Joseph Mitte der 80er Jahre im Wiener Wald die **Hermesvilla** bauen. Im riesigen Park, umgeben von schützenden Mauern, konnte sie unbeobachtet stundenlang spazierengehen. Nach dem Selbstmord von Kronprinz Rudolf 1889 in **Mayerling**, einem Jagdschloß 30 Kilometer südwestlich von Wien, reduzierte sie ihren Aufenthalt in der Hauptstadt auf knapp einen Monat pro Jahr.

Erst nach ihrem Tod nahm sie in Wien den ihr zugewiesenen Platz ein: in der **Kapuzinergruft** ist sie mit Kaiser Franz Joseph und Kronprinz Rudolf vereint.

Der Sarg der Kaiserin in der
Kaisergruft

Eingang zur Kaisergruft

Hofburg (I. Bezirk), Michaelerplatz oder Heldenplatz, U1, U3: Stephansplatz, U3: Herrengasse; Öffnungszeiten: tägl. 9–17 Uhr Uhr. Die Hofburg ist die zwischen 1275 und 1913 als »work in progress« entstandene Residenz der Habsburger und umfaßt mehrere Gebäude, darunter: Ehemalige Privatgemächer der Kaiserin und des Kaisers in der Amalienburg. (Tel. +43/1/5 33 75 70/ 5 15), Eintritt: öS 70.
Ehemalige Hofsilber- und Tafelkammer: verschiedene Tafelbestecke der Kaiserin. (Tel. +43/1/5 33 75 70), Eintritt: öS 70.-. Kombinierter Eintritt: öS 90.- (Vergünstigung für Studenten und Kinder).
Winterreitschule (Spanische Reitschule). Programm und Kartenbestellungen der Vorführungen: bei Karten- und Reisebüros in Wien, Eintritt: öS 200-900. Für die Morgenarbeit (in der Regel: Di-Fr, 10-12 Uhr): Eintrittskarten am Tag der Morgenarbeit am Eingang, Josefsplatz Tor 2. Eintritt: öS 100.
Hofoper, heute Staatsoper (I. Bezirk), Opernring 2, (Tel. +43/1/5 14 44 29 59), Ringstraßenbahn 1 und 2 oder U1, U2, U4: Karlsplatz. Zwischen 1861 und 1869 erbaut, enthielt sie einen eigenen Salon für die Kaiserin. Dieser wurde 1945 durch Bomben zerstört. Die Farbskizzen der Gemälde des Salons von Albert Zimmermann und Carl Madjera, befinden sich in der Akademie der bildenden Künste und in der Albertina.
Kapuzinergruft (Kaisergruft; I. Bezirk), Neuer Markt (Tel. +43/1/5 12 68 53 /12), U1: Stephansplatz oder U1, U2, U4: Karlsplatz; Öffnungszeiten: tägl. 9.30-16 Uhr, Eintritt öS 40. Zwischen 1633 und 1989 erhielten hier 12 Kaiser und 16 Kaiserinnen ihre letzte Ruhestätte. Zwecks Balsamierung wurden Leib, Herz und Eingeweide getrennt und an verschiedenen Orten aufbewahrt. Kaiser Franz Joseph untersagte diese Praktik, sie kam für Elisabeth nicht mehr zur Anwendung. Die Sarkophage des Kaiserpaars und von Kronprinz Rudolf stehen in der Franz-Joseph-Gruft. Pro Holzsarg existieren zwei verschiedene Schlüssel. Einer wurde nach Abschluß des Begräbnisses dem Obersthofmeister übergeben und in einem Schrein der Geistlichen Schatzkammer in der Hofburg aufgehoben. Der zweite Schlüssel wurde nach alter Tradition dem Pater Guardian oder dem Praefectus cryptae übergeben.
Volksgarten (I. Bezirk), Dr.-Karl-Renner-Ring. Alle Ringstraßenbahnen. Öffnungszeiten: tägl. 6 Uhr bis Dämmerung. Der Volksgarten liegt unmittelbar neben der Hofburg und besteht seit der ersten Hälfte des 19. Jahrhunderts. Er war von Anfang an dem Volk gewidmet und öffentlich zugänglich. Männer aus unteren Schichten initiierten 1898 die Errichtung einer Gedenkstatue für Kaiserin Elisabeth. Die Statue wurde 1907 vom Kaiser enthüllt. Sie ist Teil einer Gartenanlage, die für dieses Denkmal geschaffen wurde. Die architektonische Inszenierung stammt von Friedrich Ohmann, der zusammen mit weiteren Architekten ebenfalls den Bau der neuen Hofburgtrakte leitete.
Museum für Angewandte Kunst (MAK) (I. Bezirk), Stubenring 5, (Tel. 43/1/71 13 60), Ringstraßenbahnen 1 und 2 oder U3, U4: Stubentor. Öffnungszeiten: Di-So 10-18 Uhr, Do 10-21 Uhr. Eintritt: öS 30/90. Teile der kaiserlichen Möbelsammlung wurden nach dem Zusammenbruch

der Monarchie aus dem ehemaligen Hofmobiliendepot in den Bestand des MAK übertragen.
Das Museum führt auf überzeugende Weise in
die Geschichte der Möbel ein.

Tip: Café Prückel, Dr.-Karl-Lueger-Platz 2, gegenüber MAK

Café Engländer, Postgasse 2, Nähe MAK

Stephansdom (I. Bezirk), U1: Stephansplatz. Nord-
turm: im ersten Geschoß über der Portalzone
befinden sich die Statuen von Kaiser Franz Joseph und Kaiserin Elisabeth.

Kunsthistorisches Museum (I. Bezirk), Burgring 5,
(Tel. +43/1/5 25 40). Alle Ringstraßenbahnen, U2:
Babenbergerstraße, U2/U3: Volkstheater. Öff-

Das Elisabeth-Denkmal im Volksgarten

nungszeiten: Di-So 10-18 Uhr, Do 10-21 Uhr. Eintritt öS 95,–. Im Kunsthistorischen Museum
befindet sich das berühmte Porträt der Kaiserin von Franz Xaver Winterhalter (um 1864/65 entstanden). Seine zwei intimeren Porträts der
Kaiserin sind in den Kaiserappartements in der Hofburg zu sehen.

Prater (II. Bezirk). U1: Praterstern. Der Prater war seit 1560 kaiserliches
Reitrevier. Das zehn Kilometer lange Gelände war eingezäunt und nur
dem Adel zugänglich. 1766 öffnete Joseph II. es für das Volk als Freizeit-
gelände. Händler und Schausteller errichteten eine Budenstadt, die im
19. Jahrhundert zu Wiens Vergnügungszentrum wurde. 1873 fand hier
die Weltausstellung statt. Das Riesenrad steht seit 1897. Der Prater und
die angrenzende Freudenau waren das bevorzugte Reitgelände Elisabeths, wenn sie sich in Wien aufhielt. Jedoch konnte sie dort nicht so
ungestört reiten, wie sie es wünschte.

Schloß Schönbrunn (XIII. Bezirk), Schönbrunner Schloßstraße, (Tel.
+43/2 22/1/8 11 13). U4: Schönbrunn, Tram 10, 58, 60: Hietzing. Öffnungszeiten: Mo-Fr 7.30–17 Uhr. Eintritt: Große Tour: öS 110, Kleine Tour: öS 80.
Die Appartements des Kaiserpaars Franz Joseph und Elisabeth sind auf
beiden Rundgängen zu sehen. 1569 erwarb Kaiser Maximilian II. das
damalige Anwesen mit dem dazugehörenden Gelände als Lustgarten,
Jagdgelände und zur Haltung von Fasanen. Einer Sage zufolge wurde
um 1600 die Quelle entdeckt, die später der Anlage ihren Namen gab.
1686 wurde mit dem Bau des Schlosses und der Gartenanlage begonnen. Das ursprüngliche Projekt sollte Versailles in Glanz und Größe
übertreffen, die Staatsfinanzen erlaubten dies aber nicht. 1742 ließ Kaiserin Maria Theresia das noch immer unvollendete Schloß zu ihrer
Sommerresidenz mit insgesamt 1400 Räumen ausbauen. Kaiser Franz
Joseph wurde hier 1830 geboren. Mit Ausnahme der Kammergärten
und des Fasanengartens war der Schloßpark seit 1770 öffentlich zugänglich. Franz Joseph und Elisabeth wohnten im Westflügel und be-
nutzten den westlichen Kammergarten (Hitzinger Kammergarten)
für kurze Spaziergänge. Franz Joseph liebte die Anordnung der Schönbrunner Gartenanlage. Er ließ den Park nach Vorbild des formalisti-
schen Barockgartens umgestalten. Die geometrische Ordnung des barocken Gartens stand als Abbild einer gottgewollten Ordnung und
symbolisierte absolutistische Macht. Franz Joseph verbrachte seine
letzten Lebensjahre fast ausschließlich in Schönbrunn, wo er 1916
starb.

Für ihre ausgedehnten Spaziergänge in Begleitung von Christomanos begab sich die Kaiserin in den waldartigen Fasanengarten im Süden des Parks. Seit Anfang des 19. Jahrhunderts standen hier zwei Tirolerhäuser. Bis 1920 wurden Kühe gehalten. Kaiserin Elisabeth liebte frische Milch und ließ sich auch Butter und Käse nach ungarischer Art zubereiten. Nach dem Ende der Monarchie wurde der Tirolergarten als Meiereirestaurant verpachtet. 1984 wurden die beiden baufälligen Tirolerhäuser abgetragen und 1994 durch ein neues altes Tiroler Bauernhaus ersetzt.

In der Wagenburg, rechts vom Haupteingang, befindet sich eine Sammlung von historischen Fahrzeugen, unter anderem mit der verschnörkelten Hochzeitskutsche von Franz Joseph und Elisabeth, dem Gala-Staatswagen der Kaiserin von 1860 und dem Leichenwagen, der, von acht Rappen gezogen, 1898 den Sarg der Kaiserin zur Kaisergruft führte. (Öffnungszeiten: 1.4.-3.11. 9-18 Uhr, 4.11.-31.3. 10-16 Uhr).

Technisches Museum und Österreichisches Eisenbahnmuseum (XIV. Bezirk), Mariahilferstr. 212 (Tel. +43/1/8 99 98). Straßenbahn 52, 58. Öffnungszeiten: Di-So 9-16.30 Uhr (erst ab April 1999 wieder geöffnet) Salon- und Schlafwagen der Kaiserin, Baujahr 1873/74.

Wiener Westbahnhof (früher Kaiserin-Elisabeth-Bahnhof, XV. Bezirk). U3, U6: Westbahnhof. Bei der Fertigstellung des Bahnhofs, 1860, wurde eine Porträtstatue der Kaiserin von Hans Gasser, einem der wichtigsten Bildhauer der Zeit, enthüllt. 1945 wurde sie beschädigt und entfernt, seit 1985 steht sie wieder auf ihrem ursprünglichen Platz. Noch vor der offiziellen Eröffnung 1860 (der sie fernblieb) benutzte Elisabeth den Bahnhof, um nach Possenhofen zu fliehen.

Hermesvilla im Lainzer Tiergarten: (Tel. +43/1/5 05 87 47), Öffnungszeiten Hermesvilla: Di-So und Feiertag 9-16.30 Uhr. Sie dient der Stadt Wien für Sonderausstellungen. Eintritt öS 50. Info-Tel. +43/1/8 04 13 24.

Öffnungszeiten Hermesvilla-Park: ganzjährig, durch das Lainzer Tor von 9 Uhr bis zum Einbruch der Dämmerung.

Öffnungszeiten Lainzer Tiergarten: täglich, von Mitte Februar bis Mitte November. Anfahrt: U4: Hitzing, umsteigen auf Straßenbahn 60: Hermesstraße, umsteigen auf Autobuslinie 60B: Lainzer Tor (Terminus).

Statue der Kaiserin im Westbahnhof

Joseph II. ließ um 1785 eine Mauer um das kaiserliche Jagdgebiet im Wiener Wald bauen. 100 Jahre später ließ Franz Joseph die Hermesvilla nach den Plänen des Ringstraßenarchitekten Karl von Hasenauer errichten. Die Villa ist nach Elisabeths Lieblingsgott Hermes, dem Gott der Wanderer, genannt. Das Innere der Villa ist sehr üppig ausgestaltet: das Turnzimmer der Kaiserin mit pompejischen Fresken antiker Gladiatorenkämpfe, ihr Schlafzimmer mit einem Prachtbett und Fresken aus ihrem Lieblingsstück »Der Sommernachtstraum« von Shakespeare, entworfen vom damaligen Modemaler Hans Makart (1840–1884) und zum Teil vom jungen Gustav Klimt ausgeführt. 1919 wurde der Tiergarten der Öffentlichkeit zugänglich gemacht und 1937 Eigentum der Stadt Wien. In der Eingangshalle der Hermesvilla befindet sich das Lieblingswerk der Kaiserin, das früher beim Achilleion auf Korfu stand: die Lichtfee Peri auf den Flügeln eines Schwans.

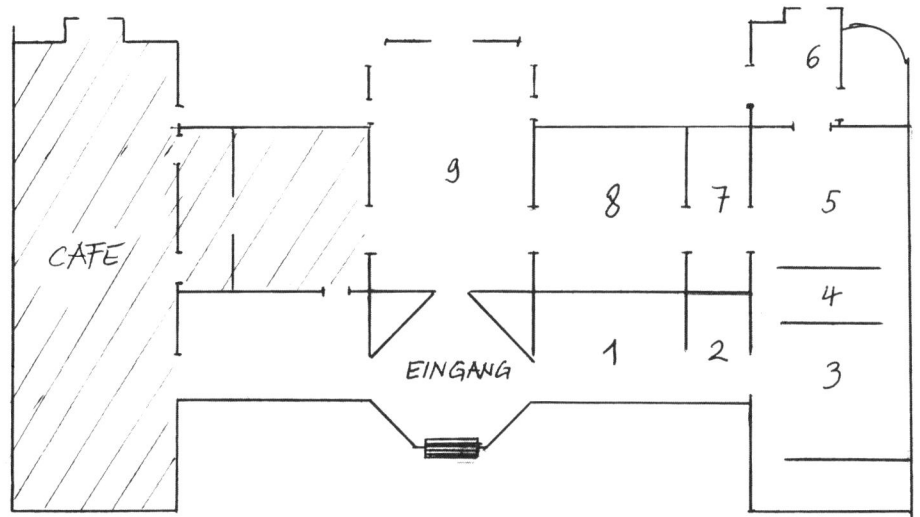

Erdgeschoß
Raumaufteilung zu Lebzeiten der Kaiserin Elisabeth
Trakt des Café-Restaurants
(Die zum Café-Restaurant umgestalteten
Appartements waren ursprünglich für Erzherzogin
Gisela bestimmt gewesen.)

1–3	Zimmer der Kammervorsteherin von Erzherzogin Marie Valerie
4–8	Trakt der jüngsten Tochter des Kaiserpaars, Erzherzogin Marie Valerie
4	Bad
5	Schlafzimmer
6	Boudoir
7	Vorraum des Salons
8	Salon
9	Speisesaal der kaiserlichen Familie

1. Stock

10–14	Trakt von Kaiser Franz Joseph
10	Garderobe
11	Kabinettskanzlei
12	Toilettenzimmer
13	Schlafraum
14	Arbeitszimmer
15	Raum für Gottesdienste („Kirchensaal")
21	Entree-Salon zum 1. Stock
16–20	Trakt von Kaiserin Elisabeth
16	Salon
17	Schlafgemach
18	Toilettenzimmer
19	Turnzimmer
20	Garderobe

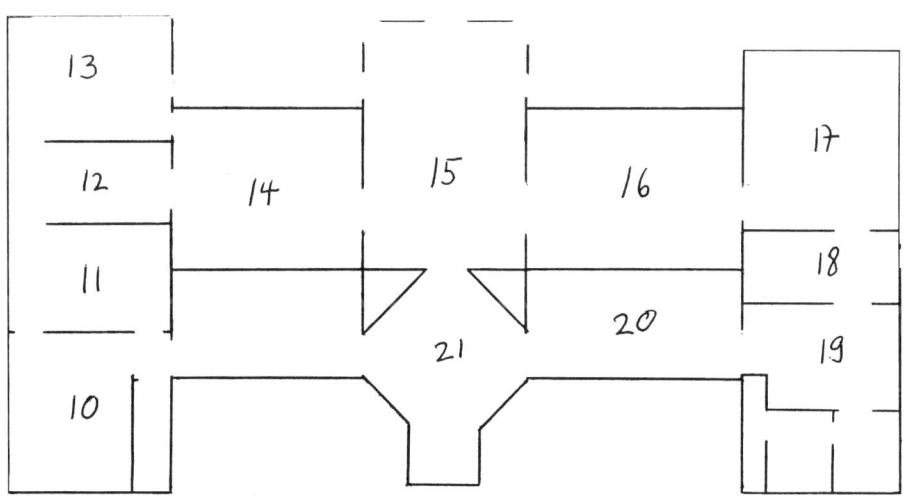

Museen des Mobiliendepots (ehem. Hofmobiliendepot, VII. Bezirk), And-reasgasse 7. (Tel. +43/1/5 23 42 40 99) Einrichtungsmobiliar des 18. und 19. Jahrhunderts. Nach Generalsanierung Eröffnung im September 1998 (Teileröffnung am 18. Juni 1998). Zahlreiche Einrichtungsgegen-stände aus den Appartements, der Hermesvilla und von Korfu sowie persönliche Gegenstände aus dem Besitz der Kaiserin; zusätzlich ein »Elisabeth Erinnerungsraum« mit Memorabilia.
Nußdorf (XIX. Bezirk). U4, U6: Terminus Heiligenstadt, umsteigen auf Straßenbahn D bis Nußdorf-Platz. Nichts erinnert an die Ankunft Elisa-beths als Kaiserbraut. Sehenswert ist die Schleuse von Otto Wagner. Drei Straßen wurden nach der Kaiserin benannt: Elisabethstraße (I. Be-zirk), Elisabethallee (XII. Bezirk) und die Elisenstraße (XXIII Bezirk). Die Elisabethbrücke über den Wienfluß wurde nach 1898 abgebrochen.

Wiener Tourismusverband, Obere Augartenstraße 40, A-1025 Wien, Tel. +43/1/21 11 40, Fax +43/1/2 16 84 29.

Hotels:
Hotel Kaiserin Elisabeth, Weihburggasse 3, A-1010 Wien, Tel. +43/1/51 52 60; Fax +43/1/51 52 67; DZ: ab öS 2500; U1, U3: Stephans-platz. 1860 Verleihung des Namens »Hotel Kaiserin Elisabeth« mittels Hofdekret. Zur Gästeschar gehörten u.a.: W.A. Mozart (1767), Franz Liszt (1856), Richard Wagner (1862) und Adolf Menzel (1895).
Hotel Pension Domizil, Schulerstraße 14, A-1010 Wien, Tel. +43/1/51 33 19 90, Fax +43/1/5 12 34 84; DZ: öS 1500; Ringstraßenbahn 1 und 2: Dr.-Karl-Lueger-Platz, U3: Stubentor
Gasthof Riede, Niederhofstraße 18, A-1120 Wien, Tel. +43/1/8 13 85 76, Fax +43/1/8 13 43 13; DZ ab öS. 400.

Quellen:
Hajós, B., *Die Schönbrunner Schloßgärten*, 1995.
Hamann, B., *Elisabeth – Kaiserin wider Willen*, 1981.
Hawlik-van de Water, M., *Die Kapuzinergruft*, 1987.
Kapner, G., *Ringstraßendenkmäler*, 1972.
Kassal-Mikula, R., in *Elisabeth von Österreich* (Hg.: Historisches Museum der Stadt Wien), 1987.
Loidl-Reisch, C., in *Historische Gärten in Österreich* (Hg.: Österreichische Gesellschaft für historische Gärten), 1993.
Müller, P., in *Elisabeth von Österreich* (Hg.: Histori-sches Museum der Stadt Wien), 1987.

Das Monogramm der Kaiserin

Budapest und Gödöllö

Als die zukünftige Kaiserin auf Schloß Possenhofen vom Ungarn Mailàth in Geschichte unterrichtet wurde, erfuhr sie erstmals über die Ungarn und ihre leidvolle Geschichte. Ab 1860 lernte sie Ungarisch und sprach es später perfekt. Durch einen geschickten Schachzug der ungarischen Liberalen geriet Ida Ferenczy in den engsten Vertrautenkreis Elisabeths. Sie unterhielt Verbindungen zu Franz Deak, dem Führer der liberalen Partei Ungarns. Mit ihrem Einzug in die Hofburg begann die Kaiserin sich für den österreich-ungarischen Ausgleich zu engagieren. Auf Drängen Elisabeths unternahm das Kaiserpaar 1865 eine fünfwöchige Reise durch Ungarn. Die Freizügigkeit, Offenheit und das Temperament der ungarischen Aristokratie faszinierten die junge Kaiserin. Sie genoß die Sympathie, die ihr die Ungarn entgegenbrachten.

Postkarte um 1900

1866 befand sich die österreichische Monarchie in einer höchst schwierigen außenpolitischen Lage: Die Preußen bereiteten dem kaiserlichen Heer in Böhmen eine schmerzvolle Niederlage im Kampf um die Vorrherrschaft in Deutschland, Österreich geriet in der europäischen Bündnispolitik zunehmend ins Abseits und im Krieg gegen Italien mußte es Venetien abtreten. In dieser bedrohlichen Situation setzte Elisabeth auf Ungarn als zweites Standbein der Monarchie. Am 9. Juli 1866 fuhr sie nach **Budapest** und brachte auch ihre Kinder dorthin. Während ihres zweimonatigen Aufenthalts setzte sie den Kaiser in Wien täglich mit energischen Briefen unter Druck und forderte, er solle den nationalistischen Forderungen der Ungarn nachgeben. Als Druckmittel verwandte sie sich und ihre Kinder und weigerte sich, nach Wien zurückzukehren. Franz Joseph schrieb am 7. August 1866 aus Schloß Schönbrunn: »Da Du einsehen mußt, daß ich jetzt im Augenblick eines wiederbeginnenden Krieges in Italien und der Friedensverhandlungen mit Preußen nicht von hier weg kann, daß es gegen meine Pflicht wäre, mich auf Deinen ausschließlichen ungarischen Standpunkt zu stellen und diejenigen Länder, welche in fester Treue namenlose Leiden erdulden und gerade jetzt der besonderen Berücksichtigung und Sorgfalt bedürfen, zurückzusetzen, so wirst du begreifen, daß ich Euch nicht besuchen kann.« Die Nationalitätenfrage war für das Fortbestehen des Kaiserreichs von zentraler Bedeutung: Wie die Ungarn, so forderten auch die Slawen ihren König und die Gewährleistung einer eigenen Staatsverfassung, und die verbliebenen italienischen Provinzen kämpften ebenfalls für ihre Unabhängigkeit. Indem sich Elisabeth auf die Seite der Ungarn stellte, engagierte sie sich nicht nur für deren Sache, sondern opponierte gleichzeitig gegen Erzherzogin Sophie, die immer die Böhmen unterstützte und für die brutale Niederwerfung der ungarischen Freiheitsbewegung 1849 verantwortlich gewesen war.

1867 setzten die Ungarn den Ausgleich durch, die Slawen wurden somit ausgeschaltet. Aus dem Kaiserreich Österreich wurde nun die Doppelmonarchie Österreich-Ungarn mit zwei Hauptstädten, zwei Parlamenten und zwei Kabinetten. Die ungarische Verfassung wurde wieder in Kraft gesetzt und Franz Joseph und Elisabeth in der geschichtsträchtigen Matthiaskirche in Buda gekrönt. Als Krönungsgeschenk erhielten sie von Ungarn ein Jagdschloß inmitten eines riesigen Reitgeländes: **Gödöllö**.

Die Matthiaskirche, in der 1867 die Königskrönung stattfand

Die ungarische Hauptstadt erlebte einen wirtschaftlichen und städtebaulichen Aufschwung. Im Bürgertum gewann die ungarische Sprache und Kultur die Überhand über das Deutsche. Wien und Budapest standen nun gleichberechtigt nebeneinander – jedoch mit wenig gegenseitiger Sympathie – und waren nur viereinhalb Zugstunden voneinander entfernt. Elisabeth liebte diesen Gegenpol zu Wien. Die Faszination für den liberalen Politiker Andrássy, ihre Beliebtheit

beim Volk und nicht zuletzt die Möglichkeit, ungestört zu reiten, bestärkten ihre
Liebe zu Budapest und Ungarn. Die Begeisterung für Ungarn wurde Ende der
achtziger Jahre von ihrer Liebe zur griechischen Kultur abgelöst.

Schloß Gödöllö, Krönungsgeschenk der Ungarn

Budapest

Burgpalast: Budavári Palota. Autobus 16, Königs-
residenz. Er wurde 1945 vollkommen zerstört.
Mit dem Wiederaufbau begann man nach dem
Krieg. Das 1908 als Teil des Ungarischen Natio-
nalmuseums eröffnete »Königin Elisabeth Museum« mit Gegenständen aus dem Leben der
Kaiserin (u.a. ungarische Handbibliothek, Bilder,
Einrichtungsgegenstände) wurde beim Angriff
der Russen auf den von den Nazis besetzten Pa-
last ebenfalls zerstört.

Magyar Nemzeti Múzeum: (Ungarisches Natio-
nalmuseum), Múzeum körút 14-16, U-Bahn M2:
Astoria, M3: Kálvin tér. Im Ungarischen Natio-
nalmuseum werden die Krönungsinsignien aufbewahrt.

Matthiaskirche im Budaer Burgviertel (Altstadt): Mátyás Templom, Au-
tobus 16. Am 8. Juni 1867, anläßlich der Krönung von Kaiser Franz Jo-
seph und Elisabeth, erklang die Krönungsmesse von Franz Liszt (auf
CD: Hungarian Coronation Mass – solists, chorus and orchestra, 1867,
Hungaroton [Target], HCD 12148). Krypta, Schatzkammer und kleines
Kirchenmuseum im Erdgeschoß: Ausstellung sakraler Kunstschätze,
Krönungsstühle von Franz Joseph und Messornat, das aus Elisabeths
Brautkleid gefertigt wurde.

Tip: Konditorei Ruszwurm, Szentháromság tér 7, in der Nähe der Matthiaskirche.

Café Gerbeaud, Vörösmarty tér (Kleine U-Bahn, Vörösmarty tér, Endsta-
tion). Hier traf sich die vornehme Gesellschaft zu Dobostorte und Kaffee.

Schloß Gödöllö

Anreise: Budapest Ostbahnhof, stündlich zum alten Bahnhof von Gödöllö (noch derselbe, von dem Franz Joseph Gödöllö 1911 zum letzten Mal verlassen hat); oder U-Bahn M2 bis Örs vezér tére, umsteigen auf Vorortsbahn nach Gödöllö, aussteigen an der Station »Gödöllö, Erzsébet Park«. Gegenüber der Haltestelle befindet sich eine Gittertür, durch die man in den Park und zum Schloß gelangt. Öffnungszeiten: 1.4.-31.10. 10-18 Uhr; 1.11.-31.3. 10-17 Uhr, Montag geschlossen; Eintritt: DM 2,50 (mit Führung: DM 3,50). 1866 begeisterte sich Elisabeth für das inmitten eines herrlichen Reitgeländes gelegene Schloß. Die weite, urwüchsige Landschaft war ideal zum Reiten und Jagen. Die Kaiserin ließ sich eine Manege bauen wie einst ihr Vater Max in München. Dort ritt sie hohe Schule und arbeitete mit Zirkuspferden. Lehrmeisterinnen der Kaiserin waren Zirkuskunstreiterinnen und der ehemalige Zirkusdirektor Renz. Einen der Bäume im Schloßpark nannte die Kaiserin ihren besten Freund, den Vertrauten ihres Lebens. Ihr Lieblingshund »Shadow« (gestorben 1875) liegt im Garten begraben. Während des kommunistischen Regimes diente das Schloß als Kaserne, später als Altenheim. 1996 wurde die Renovierung des Haupttraktes abgeschlossen, weitere Räumlichkeiten folgten. Ein Architekturmuseum, Theater, Hotel, Bankett- und Konferenzsaal und Restaurant mit Bierbrauerei sind geplant. Ab 1. April 1998 kann das Königliche Schloßmuseum mit den Appartements von Franz Joseph und Elisabeth sowie dem Prunksaal besucht werden. Das Originalmobiliar ist nicht mehr vorhanden, wurde aber nach Fotografien nachgefertigt. Nur das Schlafzimmer Elisabeths durfte nie fotografiert werden.

Schloß Gödöllö

Gödöllö Városi Muzeum: Öffnungszeiten: Di-So 10-18 Uhr, Eintritt: 100 Forint. Im ältesten Haus Gödöllös, 150 m vom Schloßeingang entfernt. Das Museum umfaßt ein Elisabeth-Gedenkzimmer mit persönlichen Gegenständen aus dem Nachlaß von Ida Ferenczy; eine interessante Ausstellung zur Künstlersiedlung von Gödöllö 1901-1920 und die Ausstellung »Welt von Ozeanien«.

Hotels:
Hotel Erzsébet, Budapest, Károlyi Minhály u. 11-15, Tel. +36/1/3 28 57 63, Fax +36/1/3 28 57 63. U-Bahn 2 vom Bahnhof Keleti pu Richtung Déli pu, Station Astoria. DZ DM 160, mit Dokumentationsvitrinen. Schlechtes Preis-Leistungsverhältnis.
Hotel Astoria, Budapest, Kossuth Lajos u. 19, Tel. +36/1/1 17 34 11, Fax +36/1/1 18 67 98, U-Bahnstation Astoria. DZ DM 160.
Tip: Entspannen im Gellért-Bad, Gellért tér (mit Warmwasserbecken, Dampfbad usw.)

Postkarte, um 1900

Quellen:
Hamann, B., *Elisabeth – Kaiserin wider Willen*, 1981.
Heyden-Rynsch, V. von der (Hg.), *Elisabeth von Österreich. Tagebuchblätter von Constantin Christomanos*, 1984.
Malfèr, S. in: *Elisabeth von Österreich*, Historisches Museum der Stadt Wien, 1987.
Nostitz-Rieneck, G. (Hg.), *Briefe Kaiser Franz Josephs an Kaiserin Elisabeth*, 1966.
Stadler, G., *Auf rotweißen Spuren*, 1997.

Die Elisabethbrücke (Neukonstruktion 1945) und das »Königin Elisabeth-Denkmal« von 1932

Korfu

Im Anschluß an ihren Madeiraaufenthalt reiste Elisabeth 1861 zum ersten Mal nach Korfu und verbrachte einen Kuraufenthalt in der Villa »Mon Repos« unweit der Stadt Korfu. Griechenland wurde in den 80er Jahren nach Ungarn zu ihrer neuen Wahlheimat, deren antike Vergangenheit und Sprache sie faszinierten. Die Begeisterung für Griechenland, der Philhellenismus, war zu jener Zeit in ganz Europa, als Reaktion auf den griechischen Freiheitskampf gegen die Türken (1821-30) verbreitet. Auch Elisabeths Vater Max und ihr Schwager Max (später Maximilian I. von Mexiko) hegten große Sympathie für Griechenland und bereisten es.

Das Achilleion heute

Achilleion, der Peristyl mit den Musen

1885 bat Elisabeth Alexander von Warsberg, den österreichischen Konsul auf Korfu und Griechenlandkenner, sie auf ihrer Reise zu begleiten. Auf dem Schiff »Miramar« fuhren sie nach Korfu, Patras, Korinth, Zante, Milo, Santorin, Zypern, Port Said, Alexandrien, Léfkas, Ithaka und zurück nach Korfu. Alexander von Warsberg machte sie dort auf die Villa Braila aufmerksam. Auf Léfkas besuchten sie den Sapphofelsen. Im selben Jahr unternahm sie auch eine Reise zum angeblichen Grab des Achilles in Troja.

Ende der 80er Jahre begann Elisabeth mit dem Studium des Altgriechischen, um Homer im Urtext lesen zu können. Später konzentrierte sie sich auf das Neugriechische und übersetzte zur Übung Shakespeares *Hamlet* aus dem Original. Auf ihren langen Spaziergängen ließ sie sich von griechischen Vorlesern begleiten, die im Gehen lesen mußten. Sie ließ nicht davon ab, bis sie die Sprache, vor allem die Volkssprache, beherrschte.

1887 besuchte sie mit Warsberg Korfu und die Insel Ithaka südlich von Korfu, die angebliche Heimat Odysseus'. Im folgenden Jahr unternahm sie eine lange Schiffsreise in der Ägäis. Sie ließ sich einen Anker in die Schulter tätowieren, kaufte die Villa Braila und übergab die Planung Warsberg, der jedoch 1889 starb. Carito, ein italienischer Architekt, arbeitete die Baupläne aus. Die Villa, das **Achilleion**, wurde 1891 fertiggestellt. 1892 reiste sie mit Christomanos, der von 1891-92 ihr Begleiter und Vorleser war, nach Korfu. Diese Reise schilderte Christomanos in seinen Tagebüchern.

Achilleion, Treppenaufgang im Inneren

Das Achilleion liegt an der Ostküste der Insel, südlich der Stadt Korfu. Völlig abgeschieden ist es mit einem eigenen Landeplatz, einer Wasseraufbereitungsanlage und einem Elektrizitätswerk ausgestattet. Im Unterschied zu allen anderen Aufenthaltsorten, insbesondere der Hofburg und Schönbrunn, entsprach das Achilleion in Architektur und Ausstattung dem Kunstgeschmack der Kaiserin.

Die Villa ist Elisabeths Lieblingshelden Achilles gewidmet. Im Eingang befindet sich bis heute das Riesengemälde »Triumphierender Achilles« und im Garten die Statue »Sterbender Achilles«, die Wilhelm II. durch einen mächtigen »Siegenden Achilles« ersetzen ließ. Auch den von ihr verehrten griechischen Göttern und Philosophen sowie Shakespeare und Lord Byron setzte sie ein Denkmal. Eine ihrer Lieblingstatuen war jene der Lichtfee Peri, die auf einem Schwan sitzt. Eine besondere Ehrung erfuhr ihr geistiger Meister Heine mit einer Statue in einem Tempel. Das Heine-Denkmal wurde von

Wilhelm II. entfernt und steht nach langer Irrfahrt seit 1956 im Jardin de Mourillon in Toulon (F).

Die alten Bäume des früheren Schloßparks ließ Elisabeth unberührt, ihre »Gärtnerin ist die Natur« (Christomanos). Darin unterschied sie sich von Franz Joseph, der in Schönbrunn die Bäume im Sinn des barocken Gartens jährlich zuschneiden ließ. Die Zeit ver-

»Der sterbende Achill« von Ernst Herter
im Park

trieb sich die Kaiserin vor allem mit Wanderungen in die Berge und entlang der Küste. So begab sie sich zu Fuß nach Paleokastrítsa an der westlichen Küste. Sie besuchte auch die ehemalige Villa von Giovanni Antonio Capo d'Istria in Episkopaná. Der 1831 ermordete erste Präsident des neu gegründeten griechischen Staates wurde von den Philhellenisten besonders verehrt. In der Umgebung des Achilleion bestieg sie Agii Déka und Agia Kyriaki, ihren Hausberg, wo sie auch wünschte, begraben zu werden. Manchen Besuch stattete sie auch der von hohen Zypressen umfaßten Einsiedelei auf der Insel Pontikoníssi ab. Der Überlieferung nach soll Odysseus dort nach seinen Irrfahrten gelandet sein. Die Insel soll dem Schweizer Maler Arnold Böcklin (1827-1901) als Vorbild für das Gemälde »Die Toteninsel« gedient haben.

Die Kaiserin wurde jedoch auf Korfu nicht heimisch und dachte bald daran, die Villa wieder zu verkaufen. Bereits 1898 wurde ein Großteil der Einrichtung des Achilleions nach Lainz verfrachtet. Elisabeth trug sich damals mit dem Gedanken, einen neuen Wohnsitz an der italienischen Riviera in San Remo zu erwerben. Von dieser Idee wurde sie aber abgebracht.

Ihre Nachfahren zeigten wenig Interesse am Achilleion, so daß die Villa nach Elisabeths Tod zehn Jahre leer stand, bis sie zur neuen Sommerresidenz des deutschen Kaisers Wilhelm II. wurde. Während des Ersten Weltkrieges diente sie als Lazarett und kam anschließend in den Besitz des griechischen Staates. Während des Zweiten Weltkrieges wurde sie wieder als Lazarett benutzt und stand danach dem Verfall nahe. 1962 wurde sie renoviert und zum Casino umgebaut. Das Erdgeschoß ist heute ein Museum in Erinnerung an seine einstigen Besitzer, Elisabeth und

Wilhelm II. Die Innenausstattung der Villa verrät allerdings nichts mehr vom ursprünglichen architektonischen Ehrgeiz der Kaiserin.

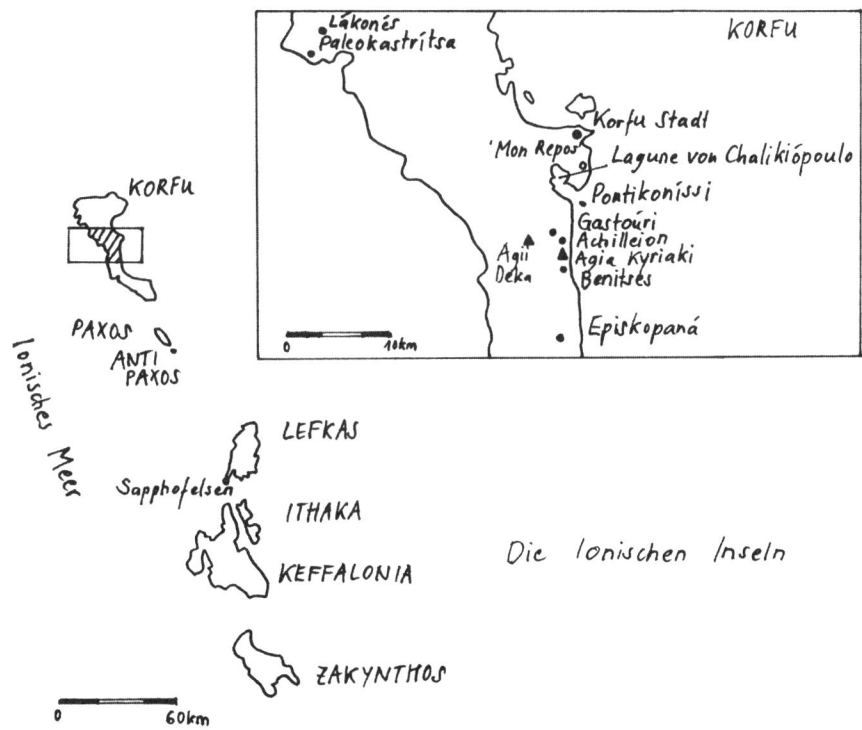

Die Ionischen Inseln

Korfu

Gehört zu den sieben ionischen Inseln. Sie wurde von 1636-1797 von den Venezianern regiert und entging somit der türkischen Herrschaft. 1815-1846 stand die Insel unter englischem Protektorat. Danach gehörte sie zum griechischen Königreich.
Anfahrt: Von Italien (Ancona, Brindisi) und von Griechenland (Patras) mit der Fähre. Viele Chartergesellschaften fliegen Korfu direkt an.
Achilleion, 9 km südlich von Korfu-Stadt über dem Meer gelegen. Öffnungszeiten: tägl. 8-16 Uhr. Eintritt (inkl. Schloßmuseum) 700 Drs.

Quellen:

Hamann, B., *Elisabeth – Kaiserin wider Willen*, 1981.
Holzschuh, R. (Hg.), *Sisi – Die letzte Griechin*, 1996.
Heyden-Rynsch, V. von der (Hg.), *Elisabeth von Österreich*, 1984.
Müller P./Kabelka, V., *»Schwalbe, leih mir deine Flügel...«*, 1991.

Insel Pontikonissi, wo sich die Kaiserin mehrmals hinbegab

1898

Das Jahr 1898 in den Briefen Franz Josephs an Elisabeth

Die Ermordung der Kaiserin in Genf am 10. September 1898

Nach dem Selbstmord des Kronprinzen Rudolf 1889 in Mayerling und der Heirat ihrer geliebten Tochter Marie Valerie am 31. Juli 1890 hielt die Kaiserin nichts mehr in Wien. Ihre »Odyssee« begann: Sie verbrachte ihre Zeit auf Reisen und besuchte in den Jahren bis zu ihrem Tod 1898 Italien, Ägypten, Algerien, Madeira, Portugal, Spanien, Frankreich, Ungarn, Rumänien, die Schweiz und immer wieder Korfu. Im Sommer kehrte sie meist für kurze Zeit nach Österreich zurück. Wegen ihrer fragilen Gesundheit weilte sie oft zur Kur, setzte aber gleichzeitig ihren Körper großen Anstrengungen aus: sie marschierte weiterhin lange Strecken, schlief wenig, ernährte sich schlecht und war nervös. 1897 wurden an ihren Knöcheln Hautanschwellungen festgestellt – es waren Hungerödeme infolge Unterernährung. In Wien wurde die Abwesenheit der Kaiserin immer offener kritisiert, und in der internationalen Presse kursierten Gerüchte, daß die Kaiserin geistig krank sei. In diesem Zusammenhang wurde gern auf ihre bayrische Abstammung hingewiesen, insbesondere auf die nahe Verwandtschaft mit Ludwig II. In Wien machte sich Franz Joseph große Sorgen. Er schrieb ihr alle zwei bis drei Tage einen Brief, in dem er ihr seine Sehnsucht mitteilte, die allgemeine Wetterlage erläuterte, seinen Tagesablauf rekapitulierte, vom Gesundheitszustand der Kinder, Enkel und anderer Verwandter berichtete und seine Jagderfolge erzählte. Die Briefe folgten einem Schema, nur manchmal klingt echte Sehnsucht an. Es sind die Briefe eines alten, einsamen und melancholischen Kaisers, der sich stärker denn je an seine Gewohnheiten klammert. Die Briefe wurden 1966 erstmals publiziert, während die Briefe der Kaiserin leider verlorengegangen oder nicht zugänglich sind. (*Briefe Kaiser Franz Josephs an Kaiserin Elisabeth, 1859-1898*, 2 Bände, hg. Georg Nostiz-Rieneck, Wien, München 1966).

Ende November 1897 reist die Kaiserin über Paris nach Biarritz und von dort über Marseille nach Nizza.

Franz Joseph an Elisabeth, Wien, 2. Januar 1898

> *»Ehe ich Heute nach Eisenerz fahre, will ich doch noch einige Zeilen an Dich richten und zwar wieder nach Nizza. Herzlichsten Dank für Dein gestriges Telegramm aus Marseille, wo Du wohl Heute auch sein wirst, da ich noch keine Meldung von Deiner Abreise erhalten habe. Wenn nur das Wetter bei Euch besser würde und Du endlich von Deinen Schmerzen befreit würdest!«*

Anfang Januar 1898 fährt Elisabeth von Nizza weiter nach San Remo.

Franz Joseph an Elisabeth, Wien, 6. Januar 1898

»*Während meines Jagdausfluges nach Eisenerz war es mir nicht möglich, zu schreiben und Gestern früh mußte ich die hier vorgefundenen Geschäfte aufarbeiten. So kann ich Dir erst Heute sagen, wie froh ich bin, Dich in San Remo zu wissen und wie beruhigt, daß Nothnagel [Arzt] mit Deinem Befinden nicht unzufrieden war. Ich kann mir gar nicht denken, wie Du auch noch einen Ausschlag bekommen hast, der gewiß sehr lästig ist, aber hoffentlich bald vorübergehen wird. Wenn Dir nur die Luft an der Riviera besser anschlagt, wie voriges Jahr. Ich denke immer, daß Du, wenn dieses nicht der Fall wäre, baldmöglichst nach Territet [Genfer See] gehen solltest, wo Dir die Luft so wohl that und wo es gewiß auch jetzt schon sehr angenehm ist. Vorgestern Abend, bei meiner Rückkehr, fand ich einen Brief Barkers [griechischer Vorleser] aus Marseille und veraltet, in welchem er weniger von Dir, als recht interessant von seinen nächtlichen Wanderungen in Paris schreibt. Die Photographien der Cléo Mérode [Tänzerin in Paris], die er auf Deinen Befehl schickte, sind wirklich wunderschön. Die ganz nackte Statue scheint auch ihr Portrait zu sein. Unser Ausflug nach Eisenerz war in jeder Beziehung genußreich und gelungen; das Wetter war das denkbar schönste mit den herrlichsten Beleuchtungen der Berge und Wälder, die kälteste Temperatur war Vorgestern Früh 2° unter Null, meistens war es aber viel wärmer, in der Sonne sogar heiß und trotz sehr wenigem Schnee, sind die Jagden über Erwarten gut ausgefallen, denn wir erlegten 50 Stücke, von denen ich 20 schoß.*«

Franz Joseph an Elisabeth, Wien, den 10. Januar 1898

»*Du mußt aber entsetzlich gelitten haben und die Schlaflosigkeit muß Dich unendlich ermüden. Du bist ein wahrer Schmerzenreich und ich bin sehr traurig, gerade jetzt von Dir getrennt sein zu müssen.*«

Franz Joseph an Elisabeth, Wien, den 27. Januar 1898

»*Wie ich gehofft hatte, erhielt ich richtig Gestern Deinen lieben Brief vom 24., für welchen ich Dir von ganzem Herzen danke. Leider ist er in recht trauriger und gedrückter Stimmung geschrieben und ich begreife nicht, warum alle Leute berichten, daß es Dir besser geht und daß Du besser schläfst. Das viele Aufwachen in der Nacht muß schrecklich sein und noch dazu der Hustenreiz! Nach der Beschreibung Deiner Tageseintheilung fürchte ich auch, daß Du wieder viel zu viel gehst und Deinen, durch Krankheit doch geschwächten Körper zu sehr ermüdest. Die Freundin [Katharina Schratt, seit Mitte der achtziger Jahre Franz Josephs Vertraute], die deine Hände küßt, glaubt es nicht, daß Du gelb, runzelig etc. geworden bist. An den kommenden, schmerzlichen Tagen werden wir wohl viel aneinander denken, in Trauer und Liebe vereint.*« [30. Januar, Jahrestag des Selbstmordes von Kronprinz Rudolf].

Franz Joseph an Elisabeth, Ofen, [Budapest], den 16. Febr. 1898

>*»So bin ich denn wieder einmal hier und mit Wehmuth denke ich an die Zeit im vorigen Herbste, wo wir zusammen hier wohnten und Deinen hübschen, neuen Balkon benützten, der jetzt kalt und leer steht; auch der Garten ist so kahl und staubig, die Gesträuche sind gelichtet und die Bäume zugestutzt und gesägt, wie in Schönbrunn, wahrscheinlich um sie zu erhalten. Viel erfreuliches fand ich auch hier nicht, denn, wenn auch der Reichstag recht ruhig und glatt geht, so nimmt die socialistisch, komunistische Bauernbewegung in einigen Comitaten sehr zu und an einigen Orten ist es bereits zum Einschreiten der Truppen gekommen.«*

Am 1. März fährt Elisabeth von San Remo an den Genfer See nach Territet, unweit von Montreux, wo sie im **Grand Hôtel** absteigt. Die Kaiserin ist nicht das erste Mal in Territet. Bereits im September 1895 hielt sie sich für einige Tage dort auf. Nach ihrem Tod erinnerte man sich in der Zeitung *La Tribune de Genève* an ihren Aufenthalt: »Sie liebte die Einfachheit, stellte jedoch extrem hohe Anforderungen an die Sauberkeit; sie konnte es zum Beispiel überhaupt nicht leiden – nicht einmal für ihre Körperpflege –, daß ihr das Wasser anders gebracht wurde als in Karaffen mit einem Kristallzapfen. Solche Einzelheiten scheinen darauf hinzuweisen, daß ihre Einfachheit weniger einer angeborenen Einstellung entsprang, sondern einer ihre Gewohnheiten bestimmenden strengen Disziplin. Es sind dies Zeichen eines hohen Geistes, der keine der Kontrollen unausgeübt sein lassen will. So schlief sie beispielsweise auch nie auf einer Matratze, ein Lattenrost genügte ihr. Tagwacht war jeden Morgen um 5 Uhr, anschließend nahm sie ein Bad, das man ihr bereit hielt. Eine Anzeige erlaubte ihr, darin nur eine ganz bestimmte Anzahl von Minuten zu verweilen, die sie sich zu diesem Vergnügen zugestand.« (*La Tribune de Genève*, 15. September 1898).

Franz Joseph an Elisabeth, Wien, den 18. März 1898

>*»Innigsten Dank, daß Du immer an mich denkest. Der Inhalt Deines Briefes hat mich recht betrübt und beängstigt. Daß die Kälte Dir schaden würde, war leider zu befürchten und ich kann nur hoffen, daß das schöne Wetter, von dem Du schreibst und die doch gewiß gute Luft Dich wieder kräftigen werden. Das traurigste ist der Mangel an Appetit, weil viel Nahrung doch eigentlich die Hauptsache wäre. Die Aussicht, vielleicht doch noch nach Territet zu kommen, muß ich leider aufgeben, da ich jetzt von hier nicht weg kann, und so hoffe ich mit Bestimmtheit auf unser Wiedersehen in Kissingen nach so entsetzlich langer Trennung. Es ist eine traurige Zeit, in der wir leben!«*

Franz Joseph an Elisabeth, Wien, den 26. März 1898

>*»Vorgestern hatte ich einige 40 Audienzen, an beiden Tagen kam die Freundin [Katharina Schratt] um 1 Uhr zu Frau von Ferenczy, heute wird sie zuhause bleiben.[...] Gestern war*

ich, wegen dem Feiertage, um 7 Uhr in der Messe, von 10-11 Uhr bin ich wieder dem Maler Horowitz gesessen und zwar zum letzten Male, dann war der Kriegsminister bei mir, später der Oberstkämmmerer Graf Traun und um 6 Uhr habe ich wieder allein gegessen.[...] Das ist wieder einmal ein leerer, nichtssagender Brief, aber ich weiß wirklich nichts zu berichten und dann nehmen meine geistigen Fähigkeiten zusehends ab.«

Franz Joseph an Elisabeth, Wien, den 28. März 1898

»Heute um 6 Uhr kommt Franz, den ich, wegen großem Mangel an Erzherzogen (es sind nur Otto und Peter hier) zu den Leichfeierlichkeiten telegraphisch berufen habe, was ihm nicht sehr angenehm gewesen sein wird, da er auf der Auerhahnjagd im Kobernauser Walde war. Das Papier ist zu Ende, meine Gedanken sind es auch, die zwar immer in Liebe bei Dir, aber im Übrigen sehr leer sind.«

Anfang April reist die Kaiserin von Territet nach Bad Kissingen zur Kur. Am 25. April besucht der Kaiser sie für eine Woche.

Franz Joseph an Elisabeth, Ofen, [Budapest], den 11. Mai 1898

»Vorgestern war ich wieder um 7 Uhr bei der Freundin, die mich in den kleinen Garten begleitete, worauf ich um ¹/₂ 9 Uhr in die Berge fuhr, die ich um ¹/₂ 10 Uhr verließ, um zur Eröffnung der [Wiener] Stadtbahn zufahren. Am Bahnhofe in Michlbeuern wurde ich von den Erzherzogen, den Ministern und einer Menge hohen Herrn nebst zahlreichem Publikum empfangen, der Cardinal Gruscha nahm die Einweihung vor, dann hielten der Landmarschall Baron Gudenus und der Bürgermeister Lueger Ansprachen, worauf die Eisenbahnfahrt begann.[...] Die ganze Bahn ist sehr schön gebaut mit schönen Brücken und eleganten und praktischen Bahngebäuden. Längst der ganzen Strecke, die meistens durch Arbeiterviertel führt, waren die Häuser geschmückt und beflaggt und Tausende standen in den Straßen, den Gärten, an den Fenstern und auf den freien Plätzen, rufend die Tücher schwenkend. Es war eine schöne Ovation der untersten Klassen.«

Franz Joseph an Elisabeth, Gödöllö, den 20. Mai 1898

»Abends Milch, auch saure, die recht gut war und frühes Schlafengehen. Gestern bin ich um 6 Uhr Früh per Eisenbahn in die Stadt gefahren, um 8 Uhr war ich in der Messe, um 11 Uhr kam der Banus zu mir, um 1 Uhr war ich in der Kunstausstellung, wo einiges Gute und sehr viel Schlechtes zu sehen ist und dann im neuen Kunstgewerbe Museum, das ganz interessant ist, um 4 Uhr produzierte im Schlosse ein Preusse einen Kimatographen mit recht amusanten Bildern, unter anderen auch unseren Ritt mit Suite zur Parade in Dresden, um 6 Uhr war Diner mit 28 Personen und um 8 Uhr fuhr ich wieder hierher.«

Von Bad Kissingen fährt Elisabeth zur Nachkur nach Bad Brückenau.

Franz Joseph an Elisabeth, Schönbrunn, den 29. Mai 1898
»[...] und bin so froh, daß Du in Brückenau zufrieden bist. Die Gegend muß wunderhübsch sein und die Luft ist gewiß excellent, und doch begreife ich, daß Du Heimweh nach Kissingen und besonders nach dem dortigen Wasser hast. Warum Du schreibst, daß ich über Kissingen geschimpft hätte, ist mir nicht klar und ist ein unverdienter Vorwurf, denn Du solltest Dich erinnern, wie oft ich Dich bei unseren Promenaden auf schöne Punkte, auf bereits frisch grüne Bäume und Waldtheile aufmerksam gemacht habe.«

Anfang Juli kommt die Kaiserin in die Kaiservilla nach Bad Ischl, wo Franz Joseph sie zum letzten Mal sieht. Nach zwei Wochen fährt sie am 16. Juli über München zur Kur nach Bad Nauheim.

Franz Joseph an Elisabeth, Ischl, den 17. Juli 1898
»Innigsten Dank für Dein liebes, gestriges Telegramm, welches mir die frohe Nachricht brachte, daß Du die Reise glücklich überstanden hast und schönes Wetter fandest. Daß Dir die Gegend nicht gefallen würde, erwartete ich. Seit Du uns verlassen hast, erfreuen wir uns auch schönen, Morgens noch immer kühlen, aber unter Tags recht warmen Wetter, der mit frischem Schnee bedeckte Dachstein erglänzt in den schönsten Beleuchtungen. [...] Du gehst mir hier unendlich ab, meine Gedanken sind bei Dir und mit Schmerz denke ich an die so unendlich lange Zeit der Trennung; besonders wehmüthig stimmen mich Deine ausgeräumten, leeren Zimmer. [...] Um ¹/₂ 5 Uhr fuhr ich mit Paar und den beiden Flügel Adjutanten nach Mitter Weissenbach zur Jagd auf die angesagten Hirsche. Der Trieb war kurz, mir kamen die drei Hirsche zusammen, ich erlegte den Stärksten, einen sehr starken 8 Ender, im Feuer, die beiden Anderen kamen dann auf Dietrichstein, der beide schoß.«

Franz Joseph an Elisabeth, Ischl, den 22. August 1898
»Innigsten Dank für Dein gestriges liebes Telegramm als Antwort auf meines. Ich konnte den traurigen Erinnerungstag nicht vorüber gehen lassen, ohne mich in Gedanken mit Dir in Verbindung zu setzen. Schon 40 Jahre sind seit der Geburt unseres unvergeßlichen Rudolph vorüber gegangen, eine lange Zeit mit wenig Freude und viel Leid! Wie wäre jetzt Alles anders, wenn er noch leben würde! Aber so – [...] Durch einen Bericht unserer Gesandtschaft in Bern erfuhr ich, daß Du am 30. Nach Caux [am Genfersee] kommst, wo hoffentlich das jetzige schöne Wetter mit weniger Wärme anhalten wird.«

Telegramm vom 29. August 1898

»Waadtlaendisches Departement Justiz Polizei Lausanne + Oesterreichische Kaiserin ankommt morgen 30. August Caux bei Territet fuer laengeren Aufenthalt. + Sie reist in allerstrengsten Inkognito und benutzt fuer Strecke Basel-Territet den fahrplanmaeßigen Zug Jura Simplon Nr. 168. + Abfahrt Basel 7 Uhr 50 und Nr. 149 Abfahrt Lausanne 2 Uhr 25. + Bitte gegen eventuelle Belaestigung alle fuer notwendig erachteten Maßnahmen zu ergreifen. + Bundesdepartement Justiz Polizei Bern. + «

»Nun ist die Schweiz als eine Republik inmitten so vieler Monarchien der Zufluchtsort vieler Verschwörer aller Nationen, Anarchisten und Propagandisten der Tat, die irgendwie nach einem schemenhaften neuen Herrscherideal und einem Umsturz der geltenden Gesellschaftsordnung streben. Auf dem Boden der freien Schweiz sind sie verhältnismäßig ungestörter und sicherer und können ihre Ziele leichter verfolgen. Besonders die fremde Arbeiterschaft, die in der Schweiz lebt, ist von anarchistischem Geiste durchtränkt. Wer zufällig in diesen Kreis tritt, ist nur zu leicht geblendet von glänzenden und schillernden Aussichten, die diese Weltbeglücker und Umstürzler, von der Polizei mehr oder weniger ungestört, in beredten Worten vorgaukeln.«
Egon Cesare Conte Corti in seiner Biographie *Elisabeth. Die seltsame Frau*, 1934, S. 498

Plakat für die Zahnradbahn auf den Rochers de Naye, 1900

Am 30. August trifft die Kaiserin Elisabeth mit ihrem Gefolge in **Caux** ein, einem kleinen Ort östlich von Montreux und rund 1000 Meter über dem Genfer See gelegen. Dort wohnt sie im ersten Stock des **Grand Hôtel de Caux**, einem der zahlreichen Palasthotels, die in der zweiten Hälfte des 19. Jahrhunderts rund um den Genfer See für wohlhabende Reisende mit Sinn für Natur und Luxus errichtet wurden.

Das *»Journal et liste des étrangers«* von Montreux teilte am 10. September 1898 mit, daß die Kaiserin von Österreich, »die in strengstem Inkognito reise«, sich am 2. September nach Bex, am Eingang zum Wallis, begeben habe. Am darauffolgenden Tag fährt sie per Zahnradbahn auf den Rochers de Naye auf über 2000 Meter, einem der schönsten Aussichtspunkte der Schweiz mit Blick über den Genfer See und die Alpen. Am 5. September nimmt die Kaiserin von Lausanne-Ouchy das Dampfschiff über den Genfer See nach Evian, Frankreich. Die nächsten Tage verbringt sie mit Spaziergängen in der Umgebung und fährt nach Glion und **Territet**, wohin seit 1883 eine Zahnradbahn führt.

Am 9. September besteigt sie in Territet das Dampfschiff nach **Genf**. Sie liebt die Stadt am Lac Léman sehr, wie sie ihrem griechischen Vorleser Christomanos einmal erzählt: »Ist es nicht merkwürdig? Wenn ich in der Schweiz bin, habe ich gar kein Bedürfnis nach den Bergen – vielleicht, weil es die anderen Leute haben. Da ziehe ich vor, in den Städten zu flanieren, zumal in Genf. Es ist dies mein liebster Aufenthalt, weil ich da ganz verloren gehe unter den Kosmopoliten: das gibt die Illusion von dem wahren Zustand der Wesen.«

Um 1 Uhr mittags trifft sie in der Rhonestadt ein und begibt sich direkt zur Baronin Julie von Rothschild in deren Schloß nach Pregny, heute unweit des Sitzes der UNO. Mit diesem Besuch ehrt sie weniger die Baronin, sondern erweist ihrer Schwester Marie einen Gefallen, die ihre Lebenskosten aus Rothschild-Geldern bestreitet. Nach einem mehrgängigen Déjeuner (Petites timbales à l'Impériale / Truite du lac du Bourget / Filet de boeuf Jardinière / Mousse de volaille Périgueux / Chaud-froid de perdreaux en Bellevue / Crème glacée à la hongroise / Spongeade au citron / Manqués au chocolat)

Aussicht auf den Genfer See

Aussicht auf die Walliser Alpen

und dem Besuch der Villa, der Volieren und der Glashäuser kehrt sie nach Genf zurück, wo sie sich um 17 Uhr im Hotel Beau-Rivage mit ihrem Gefolge direkt am See einquartiert. Sie bezieht die Zimmer im ersten Stock mit Aussicht auf die Genfer Altstadt, den See und den Montblanc. Am nächsten Morgen steht in drei Genfer Zeitungen die kurze Notiz: »Kaiserlicher Gast. – Uns wurde mitgeteilt, daß die Kaiserin von Österreich von Caux kommend und inkognito unter dem Namen Gräfin von Hohenembs reisend, gestern in Genf angekommen und im Hotel Beau-Rivage abgestiegen ist.«

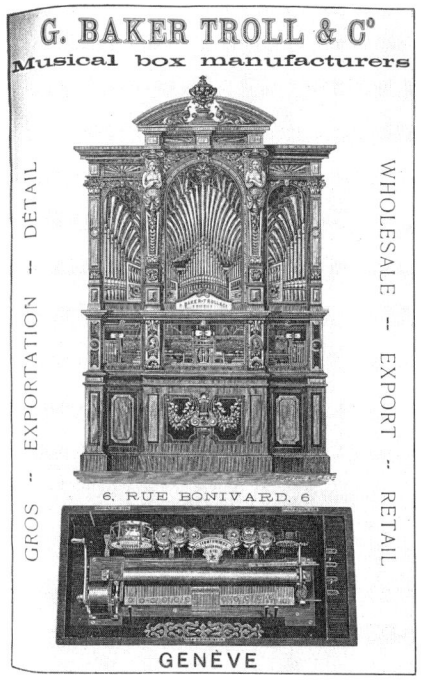

Am Morgen des 10. September besucht die Kaiserin in der Nähe des Hotels das Geschäft von G. Baker Troll & Co, Musical Box Manufacturers, wo sie ein neuartiges Orchestrion anhören will. Sie läßt sich Ausschnitte aus *Carmen, Rigoletto, Lohengrin* und *Tannhäuser* vorspielen, der ihr besonders gefällt. Sie sucht sich ein Ariston (Musikapparat) für die Kinder ihrer Tochter Valerie aus und kauft dazu vierundzwanzig Musikstücke. Anschließend kehrt sie ins Hotel zurück und bricht um 1 Uhr 35, fünf Minuten vor Abfahrt des Schiffes, in Begleitung der Gräfin Sztáray zum Landesteg auf. Dieser befindet sich rund zweihundert Meter in Richtung Stadt unmittelbar vor dem Pont du Mont-Blanc. Auf dem Weg dorthin wird sie vom 25jährigen italienischen Anarchisten Luigi Lucheni von vorne mittels eines zuge-

Dieses Geschäft besuchte die Kaiserin am Morgen des 10. September 1898

spitzten Eisengegenstandes erdolcht. Lucheni, der zuvor einen anatomischen Atlas studiert hatte, trifft genau das Herz. Die Kaiserin fällt durch die Wucht des Angriffs auf den Rücken, steht aber wieder auf und will weiter zum wartenden Schiff gehen. Sie fragt die Gräfin: »Was wollte dieser Mann denn eigentlich?« Sie besteigen das »Bateau de Genève«, es legt ab, da bricht die Kaiserin zusammen. Zuerst glaubt man sie ohnmäch-

tig. Als sie jedoch ihr Kleid öffnen, entdecken sie einen kleinen Fleck und ein Loch auf dem Unterhemd. Der Kapitän wird sofort unterrichtet, das Schiff kehrt umgehend an den Landeplatz zurück, von wo die Kaiserin auf einer Bahre in das Hotel Beau-Rivage zurückgetragen wird. Dort stellt man um zwei Uhr nachmittags ihren Tod fest.

Postkarte mit Landesteg (links). Das Hotel Beau Rivage befindet sich dann unmittelbar rechts des neugotischen Monuments

Le „Genève" et la Dent du Midi

6239   CHARNAUX FRÈRES & Cᵒ., GENÈVE

Postkarte, um 1900

Franz Joseph an Elisabeth, Schönbrunn, den 10. September 1898

»*Édes szeretett lelkem* [Meine süße geliebte Seele], *Da ich Heute in Schönbrunn bleibe und daher mehr freie Zeit habe, so will ich doch noch einige Zeilen an Dich richten, um Dir beiliegenden Brief Valéries, den ich Gestern erhielt zu senden und Dir für Deinen, an sie gerichteten Brief vom 4., der ja auch für mich bestimmt war, innigst zu danken. Gleichzeitig schickt mir Valérie ein kurzes Schreiben der Gräfin Sztáray, auch vom 4., welches, obwohl eigentlich nur ein Namenstag Gratulations Brief, doch auch günstiges über Dein Befinden enthält. Sehr erfreut hat mich die bessere Stimmung, die Deinen Brief durchweht und Deine Zufriedenheit mit dem Wetter, der Luft und Deiner Wohnung samt Terrasse, welche einen wunderbaren Ausblick auf Berge und See gewähren muß. Daß Du dennoch eine Art Heimweh nach unserer lieben Villa Hermes gefühlt hast, hat mich gerührt. Gestern Nachmittag war ich wieder dort und ging in der Nähe spazieren. Der Abend war herbstlich, aber sehr schön, der ganze gestrige Tag wolkenlos; auch Heute ist es schön und kühl, aber der Barometer fallt, was mich für die Tátra* [höchster Teil der Karpaten] *fürchten läßt. Gestern hörte ich einen Hirsch zweimal melden. Wie Nando Gestern aus Gödöllö telegraphierte, melden dort die Hirsche wegen großer Trockenheit noch nicht und es gelang ihm in der ganzen Zeit, wegen wechselndem Winde, erst einen schwachen 10 Ender am Ansitze zu erlegen, der einzige Schuß den er bis jetzt machte. Von der Freundin erhielt ich Gestern ein Telegramm von Ferleiten 6 Uhr 10 M. Nachmittag. Sie war dort vom Glocknerhause angekommen und wollte noch Gestern nach Zell am See fahren, wo sie gewiß spät eingetroffen sein wird. Warum sie ihre Gebirgstour so gehetzt und mit so starken Tagesleistungen gemacht hat, ist mir nicht klar.*

Ich bin Gestern um 8 Uhr in die Stadt gefahren, wo ich bis ¹/₂ 3 Uhr geblieben bin und Thun, FZM. Graf Welsersheimb und Rudi Liechtenstein gesprochen habe. Um 3 Uhr habe ich hier allein gespeist und Abends erfreute ich mich an der guten Milch aus der Meierei. Heute bleibe ich hier und um ¹/₂ 9 Uhr Abends reise ich voiture voiture, siehe Oben vom Staatsbahnhofe ab. Isten veled szeretett angyalom [Adieu schöner, gelieber Engel]. Dich von ganzem Herzen umarmend, Dein Kl[einer]

Die verstorbene Kaiserin wird in ihrer Suite aufgebahrt. »Das Zimmer, das die Kaiserin bewohnt hatte, wird in eine Trauerkapelle umgewandelt, mit großen Palmen und Pflanzen. Aus der Pfarrei des Pâquis wurden 45 Kerzen und eine Anzahl Betstühle herbeigeholt. Das ganze Zimmer, sowohl Decke, Wände als auch die Fenster, sind mit schwarzem Stoff, auf dem sich Silbersterne abheben, behangen worden.« *(Der Bund. Eidgenössisches Centralblatt, 12./13.9.1898).* Am Vormittag des 12. September findet in Genf eine Trauerkundgebung der Genfer Bevölkerung statt. Der Zug von 30000 Personen wird von politischen Persönlichkeiten Genfs angeführt und zieht am Hotel Beau-Rivage vorbei.

Leichenzug am 14. September 1898

I

III

V

VII

Nous reproduisons ci-dessous le plan de l'endroit où a eu lieu l'assassinat de l'impératrice d'Autriche, le portrait de l'assassin et un dessin de l'instrument qui lui a servi à consommer son crime. Bien qu'il ne soit pas dans nos habitudes de donner des illustrations de ce genre, nous avons cru pouvoir, pour une fois, faire exception à la règle, vu la gravité, tout exceptionnelle aussi, de l'évènement.

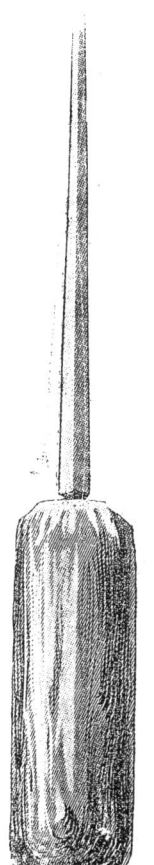

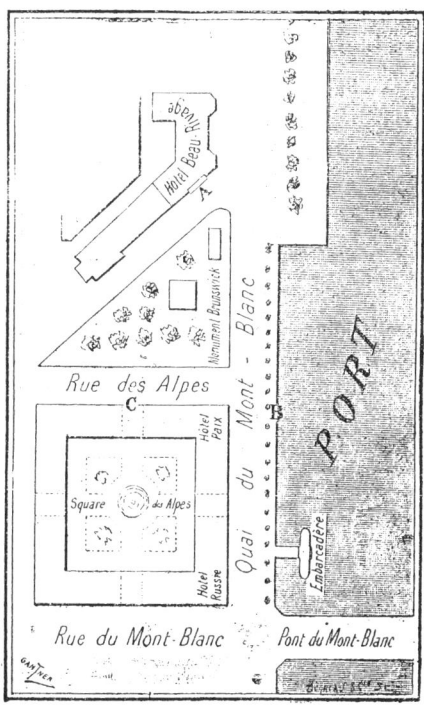

A. Porte de l'hôtel Beau-Rivage. — B. Endroit où l'impératrice a été frappée. — C. Endroit où l'assassin a été saisi.

La distance parcourue par l'impératrice est d'un peu plus de 200 mètres de A à B.

Tatort, Tatwaffe und Porträt des Mörders,
Journal de Genève, 14. September 1898

In Wien (und in der Presse) kommt es nach der Nachricht vom Tod der Kaiserin zu tumultartigen Gefühlsaufwallungen: »Als das Extrablatt der ›Neuen Freien Presse‹ erschienen war, entspann sich auf den Straßen um dasselbe ein wahrer Kampf. Unter den Laternen bildeten sich Gruppen, welche den Worten eines Menschen lauschten, der die schon so oft gehörte Hiobsbotschaft vorlas. Weiber und Kinder schluchzten laut und rangen die Hände, auf aller Lippen lag nur das eine Wort: ›Die Kaiserin ermordet!‹ Die Bürger einer Millionenstadt dachten nur noch einen Gedanken: ›Die Kaiserin ermordet!‹ [...] Am Michaelerplatze, Kohlmarkt, Graben und namentlich auf dem Stephansplatze sammelten sich gegen 8 Uhr Tausende von Menschen an. So daß der Wagenverkehr zeitweise stocken mußte.« *(Der Bund. Eidgenössisches Centralblatt,* 13./14.9.1898). Am 14. September wird der Sarg mit der Kaiserin an den Genfer Hauptbahnhof geführt, von wo er per Bahn nach Wien gelangt. In Fribourg, Bern, Zürich und in den anderen Städten mit Halt werden die Glocken geläutet, und die Menschen strömen zum Bahnhof, teils aus Neugierde, teils weil sie der Kaiserin ihre letzte Ehre erweisen wollen. In Wien säumen Tausende den Weg vom Westbahnhof in die Hofburg. Am Nachmittag des 17. September findet das Begräbnis statt: Der Sarg wird vom Inneren Burgplatz über Michaeler- und Josephsplatz durch die Augustiner- und Tegetthoffstraße zur Kapuzinerkirche am Neuen Markt gebracht. Nach der Einsegnung wird die Verstorbene in die Gruft getragen.

In Genf wird der fliehende Mörder Luigi Lucheni von Passanten aufgehalten und der Polizei übergeben. Er bezeichnet sich als Anarchist, sympathisiert mit den Ideen der anarchistischen Bewegung, agiert aber als Einzeltäter. Ursprünglich habe er den Duc d'Orléans ermorden wollen, sagt er, weil dieser aber nicht nach Genf gekommen sei, habe er die Kaiserin von Österreich getötet. Er wird zu lebenslanger Haft verurteilt und erhängt sich 1910 in seiner Zelle. Lucheni kam aus sehr ärmlichen Verhältnissen, war als Waise von Pflegefamilie zu Pflegefamilie weitergeschoben worden und hatte als Gelegenheitsarbeiter seinen Lebensunterhalt verdient. In einem Brief vom 11. September an die Zeitung *Don Marzio* in Genf schreibt Lucheni, daß er seine Tat nicht aus Elend begangen habe, sondern um die Blutsaugerei der herrschenden Klasse zu stoppen. Er beendet seinen Brief mit den Worten: »Chi non lavora non mangia. Luigi Lucheni. Anarchico convintissimo.«

> »Die Kaiserin Elisabeth war eine Dame von Geist und außerordentlicher persönlicher Energie. In ihrer Jugend eine kühne Reiterin, wurde sie später eine rastlose Fußgängerin. Die Ungarn vergötterten die schöne Fürstin. Seit Jahren lebte diese einsam und ganz zurückgezogen, den Winter über oft auf Korfu, den Sommer über auf Reisen.« *(Neue Zürcher Zeitung,* 12. September 1898)

Montreux, Territet, Caux und **Rochers de Naye** lassen sich in einem Tag besuchen. Von Genf kommend ist man in rund zwei Stunden (per Bahn oder Auto) in Montreux, per Schiff muß man vier Stunden rechnen. Die Reise mit der Zahnradbahn (1892 eingeweiht) von Montreux auf den Rochers de Naye dauert etwa eine Dreiviertelstunde. Inbesondere empfehlen wir eine vierstündige Wanderung von Caux auf den Rochers de Naye (gutes Schuhwerk notwendig). Auf dem Gipfel befindet sich ein Restaurant. Das *Grand Hotel de Caux* ist nicht mehr zugänglich. Es ist heute religiöses Zentrum mit angebauter Kirche und nennt sich »Lectorium Rosicrucianum«.

Das Elisabeth-Denkmal in Territet

Das *Grand Hôtel* in Territet (Avenue de Chillon 76) steht als Gebäude noch, wurde jedoch in ein Wohn- und Geschäftshaus umgewandelt.

Eine Statue der Kaiserin erinnert heute an ihre Anwesenheit. Sie befindet sich in einem kleinen Park rechts vom Bahnhof von Territet, rund 200 Meter vom Ufer entfernt.

Wer Hotelaufenthalte im Stil der Jahrhundertwende liebt und sich wie Sissi im Grand Hotel fühlen möchte, sollte mindestens eine Nacht im »Hôtel Victoria« in Glion verbringen (CH-1823 Glion, Tel. +41/21/9 63 31 31, Fax +41/21/9 63 13 51; DZ ab CHF 250).

Genf

Schloß Rothschild in Pregny gehört heute dem Staat Genf, ist aber nicht öffentlich zugänglich.

Hôtel Beau-Rivage 13, quai du Mont-Blanc, CH-1201 Genève, Tel. +41/22/7 16 66 66, Fax +41/22/7 16 60 60; DZ ab SFr 520, ohne Frühstück. Die ehemalige Suite der Kaiserin existiert noch, sie kostet SFr 1980. Es besteht auch die Möglichkeit, nur das Doppelzimmer für SFr 580 zu mieten. Es ist in derselben Epoche wie das Grand Hôtel de Caux erbaut und wird in vierter Generation geführt. Der derzeitige Direktor, Jacques Mayer, erinnert sich noch, wie seine Großmutter ihm vom Besuch der Kaiserin in Genf erzählte. Eine kleine Vitrine mit Memorabilia gedenkt dem Besuch der Kaiserin und ihres tragischen Todes.

Zu besichtigen im Zusammenhang mit Sissi: Das Denkmal vor dem Hotel Beau-Rivage, das im September 1998 enthüllt wird; die Plakette am Quai du Mont-Blanc, dort, wo die Kaiserin umgebracht wurde; das »Bateau de Genève«, das fest verankert auf der Gegenseite liegt und für Feste gemietet werden kann.

Das »Bateau de Genève« heute

Hotel:
Pension Saint-Victor, rue François-Le-Fort 1, CH-1206 Genève, Tel. +41/22/3 46 17 18, Fax +41/22/3 46 10 46; DZ ab SFr 80 (in der Nähe der Altstadt).
Tip: Bestes Eis in Genf bei »Remor«, Place du Cirque.
Bestes Strandbad (mit Restaurant): Bains des Pâquis, etwas oberhalb des Hotel Beau-Rivage.

Quellen:
Nostitz-Rieneck, G. (Hg.), *Briefe Kaiser Franz Josephs an Kaiserin Elisabeth*, 1966.
Hamann, B., *Elisabeth – Kaiserin wider Willen*, 1981.

Erinnerungsplakette am Quai du Mont-Blanc

Autorinnen und Autoren über Sissi

Unsere Kaiserin –
ermordet!

Als sich die Kaiserin heute Vormittags zu Schiff von Genf nach Territet begeben wollte, drängte sich ein Individuum an sie heran und versetzte ihr einen Stoß. Im Augenblicke sank die Kaiserin um. Das Schiff setzte trotzdem die Fahrt fort, kehrte jedoch alsbald um, da Ihre Majestät aus der Ohnmacht nicht erwachte.

Ins Hotel gebracht, verschied die Kaiserin. Der Attentäter wurde verhaftet; er ist ein italienischer Anarchist.

Anonym, *Neues Wiener Tagblatt,* 2. Extra-Ausgabe, 10. September 1898

Kaiserin Elisabeth (1837–1898)

Theodor Fontane

An Emilie Fontane

Berlin, d. 11. September 1898.

Meine liebe Frau.

Habe Dank für Deinen lieben Brief, der nach Wohlbefinden und Munterkeit schmeckt.

Ich weiß nicht, ob Mete Dir heute eine Karte geschrieben hat, und so will ich noch tun, was möglich ist; freilich ist es schon in zehn Minuten 10 Uhr, und von Eintreffen dieser Zeilen am Frühstückstisch ist keine Rede mehr. Grund der Versäumnis: ich hatte mich an die Lektüre der bekannten alten märkischen Schmöker (Fidicin, Berghaus usw.) herangemacht und habe mich dabei zu lange »verweilt«. Ich wollte durchaus 'was finden, aber dies mißlang, und so suchte ich immer weiter. Solche Bücher gibt es nur in Deutschland, und das heißt dann »Geschichtsschreibung«; die ganze Ledernheit und Ungeschicklichkeit hiesiger Menschheit tritt auch darin hervor.

Mein Brief gestern war kaum fort, als der gute Herrlich mit einem dicken Kopf zu mir heraufstürmte und mir mit zitternder Stimme (was ich ihm aber hoch anrechne) das Schreckenstelegramm aus Genf vorlas. Über alle Begriffe niederträchtige Tat! Solch gute, harmlose, unglückliche Frau, die niemandem je ein Leid getan, wie prädestiniert für harte Schläge! Und nun dies als Letztes. Die Sozialdemokratie wird die Zeche bezahlen müssen, und die berühmten vier Buchstaben gehen ihr mutmaßlich mit Grundeis.

Omptedas Stück hat nur einen sehr schwachen Erfolg gehabt. Die Kritik geht aber milde mit ihm um; anständige Leute werden doch auch meist anständig behandelt.

Mete hat gestern einen anstrengenden Tag gehabt, ist aber gut drüber hingekommen; in den Abendstunden war sie mit Fritsch und Lise Mengel im Grunewald; heute, glaub' ich, ist Reunion auf dem Balkon. Sie ist noch nicht zurück.

Ergeh' es Dir gut. Empfiehl mich. Wie immer Dein

Alter.

An Emilie Fontane

Berlin, d. 13. September 1898.

Meine liebe Frau.

Mete ist mit Fritsch, seiner Annie und Theo im Grunewald; da habe ich es übernommen, statt ihrer zu schreiben. Sie hat sich heute einen hübschen Hut gekauft, der ihr auch kleidet und will nun darin paradieren. Vorläufig mag es so gehn; aber auf ihre Zukunft hin angesehn, muß sie die Wurst von der andern Seite her anschneiden, und nicht ängstlich reformatorisch, sondern kühn-revolutionär auftreten. Mit einem Einzelstück ist es nicht getan; ein schönes Einzelstück wirkt oft halb verrückt und schadet mehr als es hilft. Wer sich wirklich modisch und zugleich geschmackvoll tragen will, muß immer beflissen sein, ein harmonisches Ganzes herzustellen. Es muß alles zueinander passen und stimmen. Diese Harmonie ist die eigentliche Schönheit und kann mit einer Kattunlode, einem weißen Kragen und einer gefälligen Schleife besser hergestellt werden, als aus einer konfusen Anhäufung von Wertstoffen. Wie viel ließe sich noch zu diesem Schneiderthema sagen, besonders wenn ich mir die Karlsbader Toiletten ins Gedächtnis zurückrufe! Sowie man Berlin betritt, ist es mit Schick und Eleganz vorbei. Die Gesichter, die Stoffe, der Schnitt, die Haltung – alles ist von einer leidlichen Durchschnittsmäßigkeit; aber darüber hinaus geht es nicht. Findet sich eine Ausnahme, so bedingt die Persönlichkeit diese Ausnahme, nie die Landessitte, der allgemeine Geschmack.

Vormittags beschäftige ich mich immer mit Friesack und habe schon eine Menge notiert. Habe ich nur erst den ganzen Stoff zusammen – was allerdings sehr mühsam ist und noch lange dauern wird – so ist das Schreiben ein Vergnügen.

Die Kaiserin Elisabeth muß eine hervorragend gute und interessante Frau gewesen sein und eine Kreuzträgerin dazu. Solcher freien Persönlichkeit an solcher Stelle zu begegnen, ist eine wahre Wonne.

Wie immer Dein

Alter.

In: *Briefe.* Vierter Band 1890–1898, München 1982.
Theodor Fontane (1818–1898)
Deutscher Schriftsteller, Verfasser realistisch-kritischer
Romane.

Foto des Wiener Fotografen Angerer von der
kranken und sichtlich unglücklichen Elisabeth

Gabriele d'Annunzio

Kaiserin Elisabeth

Übersetzt von Hugo von Hofmannsthal

Das Sterbliche der Kaiserin, die nicht rasten konnte, ist hinabgesunken in eine dunkle und kalte Gruft, da der Zwang der geheiligten Gebräuche stärker war als das letzte Wort des unbeugsamen Willens, der, solange er lebte, sich Freiheit schuf. »Sanft über mein Grab, sacht, Efeu, klettere hin und dehne die grünen Glieder; die Rosen sollen ihre Kelche öffnen auf meinem Grab; mit den schönen Trauben, den schönen Gehängen soll die Rebe es umschlingen.« Sie hatte die Worte des Grabepigramms vor sich hingesprochen, voll Ahnung des Endes; sie hatte ihr Grab mit innerem Auge gesehen, überhängend die sagenberühmten Wasser, hinabgeneigt zu den Lippen ohne Zahl des Meeres, das nicht altert.

In der augenlosen Grufthöhle löst sich ihr Leib; aber den Dichtern lebt der Leib ihres Traumes immer und wandelt die ionischen Gestade hin, umwandelt Corcyra, den schönen Strand, wo ihre zerschmetterten Hoffnungen und ihre grausamen Leiden zu traumhaften Dingen wurden, »gleichend den Zartheiten der Frühlingswoge«. Der Rhythmus, in dem sich ihre wundervolle Seele bewegte, vermengt sich mit jenen großen Melodien, denen sie lauschte, in Gräsern gebettet oder im Sand, unter den Sternen, hinstarrend auf das Strömen maßlose Ströme, auf das Schwellen und Fallen der ungeheuren Meere als auf ein Ebenbild ihrer Schmerzen.

Es liegt in dem Tode der Elisabeth von Österreich eine Vollkommenheit, die mich über mich selbst hinaushebt. Unter der Gewalt dieses unfehlbar gezielten Todesstoßes enthüllte sich unseren Augen plötzlich die geheime Schönheit dieses kaiserlichen Lebens, scharf und funkelnd sprang sein Umriß an den Tag, wie plötzlich und funkelnd die unsterbliche eherne Statue dasteht, wenn wilde Schläge eines befreienden Hammers die Lehmhülle zersplittern. Ich weiß von Herzen, die von trunkener Erregung zuckten, als sie gewisse bewundernswerte Einzelheiten des blutigen Hinscheidens erfuhren und bedachten. Unter so vielen nutzlosen Klagen, unter den Ausbrüchen eines blöden Zorns ist des erhabenen Opfers nur eine Gebärde nicht ganz unwürdig: die an sich haltende Ergriffenheit der Geister, die mit Kraft und Freiheit hier unter geheimnisvollen Fügungen des Zufalls eine erhaben reine Lebenslinie in furchtbarer Verkürzung enden und ein Menschenbild unter der Berührung des Todes zu unvergänglicher Schönheit und Gewalt erstarren sehen.

»Ein harmonischer Tod zur Stunde, die ihm ziemt...«

Waren sie nicht reif, ihr Schmerz und ihr Traum, reif wie die Früchte des September, von denen sie aß, hingelagert auf einsamen Steinen des Ufers, die Augen auf die Schönheit lichtblauer Wasser geheftet? Das Geschick, das mit so ungeheuren Blitzen die Gipfel dieser einsamen Seele erleuchtet hatte, ergriff sie mit den gleichen unwiderstehlichen flammenden Händen, da es die Stunde gekommen sah, sie aus vollem Licht hinwegzuheben und sie dem Gedächtnis der Menschen einzutreiben mit dem einen wuchtigen Schlag des unerhörten Ereignisses.

Es war, als vollzöge sich ein mystisches Gelübde. Hatte sie nicht den plötzlichen, blitzartigen Stoß herabgefleht, den uralten »guten Tod«, den Artemis verlieh, einen unsichtbaren Pfeil in die auserwählte Brust schleudernd? Hatte sie nicht einen plötzlichen Tod »unter der Herrlichkeit des Himmels« erbeten? Die Poesie ihrer Wünsche wird übertroffen von der funkelnden Verwirklichung, von dem die Seele blendenden Prunk ihrer letzten Augenblicke. »Erfüllung, schönste Himmelstochter«: dieses Wort ist in dem Schweigen ihres vom Blut geröteten Mundes. Stahl und Blut, die in den Seelen der Sterblichen – das eine gräbt ein, das andere durchglüht mit Farbe – die wunderbaren Bilder derer erschaffen, die nicht vergessen werden sollen, der Stahl und das Blut haben den Umrissen ihrer Gestalt die unverletzliche Erhabenheit eines Kunstwerks verliehen, haben aus der gestaltlos dumpfen Substanz des Lebens ein Wahrzeichen herausgerissen, das vielleicht keiner gesehen hätte, zwänge nicht alle Grauen und Mitleid jetzt, hinzustarren.

Alles scheint mir seltsam fern in den Erzählungen. Ist es nicht, als hätten wir das vor langen Jahren in einem alten Buch gelesen?...

»Als ihre Zeit gekommen war, stieg sie die Ufer eines flutenden Sees hinab, um ein Schiff zu besteigen. Da trat hinter einem Baum der elend geschaffene Sklave des Geschickes hervor, der sie töten sollte. Er hatte die Arme und den gebogenen Leib eines Lastträgers, die niedrige Stirn eines Tieres und die flackernden Augen eines Verzückten. Er lief auf sie zu und stieß zweimal nach ihrer Brust, daß sie umsank.

Aber sie richtete sich wieder auf und trug ihren Tod dreimal dreißig Schritte weit, wie, einen Wasserkrug tragend, mit erhabenem Schreiten die Königinnen dahingehen, die auf den Flanken uralter Sarkophage gemeißelt sind.

Als sie ihren Fuß auf das Schiff gesetzt hatte, fiel sie hinter sich.

Fremde Frauen lösten die Flechten ihrer kaiserlichen Haare auf, besprengten sie mit Wasser, fanden auf ihrer Brust zwei Tropfen topasfarbenen Blutes und in ihren Augen das starrende Erfassen jenseitiger Dinge.

Einige Männer trugen sie auf einem Segel in das stillste Zimmer einer Herberge und legten sie auf ein Bett, wo sie starb.«

All diese Einzelheiten scheinen mir beladen mit Bedeutung und voller geheimer Ordnung, wie in einem Mythos. Keiner Beachtung wert sind die Umstände des Mordes, keiner Beachtung wert der Sklave, der seinen mörderischen Dienst so gut zu tun wußte. Durch den Dunst der Scheinbarkeiten hindurch erkennt das Auge eine wundervolle Gestaltung von Traum und Tod.

Sie stirbt zur panischen Stunde, zur flammenatmenden Stunde, dies Geschöpf, das keinen Schlummer fand, das jeden Morgen vom Rand eines Schiffes oder von den Abhängen eines Vorgebirges herab mit den Worten der Iphigenie grüßte: »Es ist nichts lieblicher, als das Licht zu schauen.« Sie wird getroffen, da sie noch einmal gegen den Strand zuschreitet, noch einmal hinab zu dem wunderreichen, tröstlichen Wasser, das sie immer zu sich zog mit dem murmelnden Versprechen tieferer Visionen, versteckterer Königreiche. Angefüllt schon mit dem Schweigen der Ewigkeit, die Seele schon geblendet von den Dingen, die durch den zerrissenen Schleier aufleuchten, verfolgt sie ihren Weg; sie tritt an das Ufer, sie steigt zu Schiff, sie setzt ihren Fuß auf das hohe Schiff, kaiserlich; und man lichtet die Anker. Navigare necesse est, vivere non est necesse. Unversehens verliert dieses Schiff alle gemeine Wirklichkeit und wird ein Ding erhabener Art; die Furche, die sein Kiel zieht, scheint unvergänglich, denn Traum und Tod sind das Element, worin sie eingeschnitten wurde.

So, da sie die Wirklichkeit nicht für mehr geachtet hatte als für eine Sklavin, vermochte diese Frau sich im Angesicht des Todes mit der unverwelkten Blüte ihrer Seele zu bekränzen. Und wahrhaft kaiserlich vom Diadem hinab bis zur Ferse steht sie vor uns, ein wundervolles Vorbild von Einsamkeit, Macht und Freiheit. Im Inneren sucht diese

Kaiserin und Königin ihre Kaisertümer und Königreiche. Nie hat jemand auf der Welt einen sicheren Beweis gegeben, daß er das Wort Lionardos erfaßt und völlig angenommen habe: »Es gibt keine größere Herrlichkeit als über sich selber.« Dort herrschte sie und niemand als sie. Der Wunsch erschuf ihr Vaterländer. Die Hast war ihre Trunkenheit. Das Pferd im wildesten Lauf, das Segel, das sich bläht, gaben ihr den Wahn von Flügeln. Der Tau auf den Steppen kannte sie, und der salzige Sand, und das wimmelnde Meer, und die Winde, und der stürzende Regen, und der Adler, und die kaum sichtbaren Fußsteige, und die verlockenden Gefahren. Sie liebte es, zu sehen, wie sich ein Zaum, wie sich ein Schiffsbug mit Schaum bedeckte, während ihr Schmerz wuchtig wurde wie die Erde und wieder tosend wie das Meer.

Es war das Land der schönumhüllten Nausikaa, es war das Meer des Odysseus, der neun Jahre zu Felde lag um Helena, die weißarmige, eines Gottes Tochter. Wie der Laertiade hatte diese pilgernde nördliche Frau, »von vielerlei Elend hin und her geworfen«, ihre Zuflucht in einer henkelförmigen ionischen Bucht gefunden. Ihre Augen, die meist an einem baltischen Strand, gegen eine stumpfe Sonne, Stücke von Bernstein anschauten und darin Dinge des Lebens eingewachsen fanden, diese selben Augen entdeckten im glühenden Sand Fußstapfen eines erhabenen Lebens und sahen unter der rhythmischen Welle die noch lebendigen Wurzeln der uralten Fabeln schwimmen. In diesen Augen war die Kraft des Blickes zur Kraft einer ununterbrochenen tiefen Vision geworden. Glaubten sie nicht, in der Dämmerung das hohle Schiff vorübergleiten zu sehen, schneller als ein Sperber, das den Mann trug, dessen Gedanken den Gedanken der Götter glichen? Und sie erkannten, an einem Abend im Sommer, den Leib der Sappho, bleicher als verblichenes Gras, ausgelaugt von der Maßlosigkeit des Wünschens, wie er dahintrieb im heißen Salz, das um die Lippen des jäh atmenden Meeres schäumte.

Es ziemt sich, daß ein Dichter des lateinischen Stammes das Lob dieser wandernden Kaiserin singe, dieser Halbgöttin des Traumes. Sie wußte sich eine Welt zu schaffen und darin zu leben nach den Kräften ihrer losgebundenen Seele. Es ziemt sich, sie zu verherrlichen. Vielleicht wäre sie in der Vergeßlichkeit der Menschen untergesunken, wenn durch die Kraft des Stahles nicht ihr purpurnes Bild mit beängstigender Pracht aus dem Schatten hervorgesprungen wäre. Es ziemt sich, die Schönheit ihres Antlitzes zu verherrlichen, den Standbildern des geheimnisvollen Hermes verwandt, mit unbeweglichen Zügen unter dem Prunk herbstlichen Glanzes, der ihr geflochtenes Haar belud, und ihre Blässe, wie eine verhaltene Flamme bedrängt vom Schatten des Blutes, das in den großen Liedern ihrer Augen dunkelte, und das Schweigen ihrer scharfgepreßten Lippen, auf denen das Süße von ausgesogenen Früchten die Herbigkeit der Tränen linderte, und ihre Seele, ihre geheimnisreiche Seele, die im Kern jenes Haupt der Meduse trug, womit die Göttin Pallas ihren goldenen Schild wappnete, so daß er unverletzlich war.

In: *Die Zukunft*, Nr. 3, Berlin, 15. 10. 1898.

Gabriele d'Annunzio (1863–1938)
Italienischer Dichter, Schriftsteller und Dramatiker, Vertreter eines heidnischen Sinnen- und Schönheitskults.

Hugo von Hofmannsthal (1874–1929)
Österreichischer Schriftsteller und Dramatiker, bedeutender Vertreter des »Jungen Wiens«, Verfasser von Libretti für Richard Strauß.

1864 kam der berühmte Hofmaler Franz Xaver Winterhalter
(1805–1873) aus Paris nach Wien, um hier die Reichsten und
Vornehmsten auftragsgemäß zu porträtieren – zu einem selbst für
Wiener Hofverhältnisse horrenden Preis. Das Porträt zeigt die
Kaiserin mit aufgelöstem Haar für den Kaiser, der es in seinem
Arbeitszimmer hängen hatte – bis über Sissis Tod hinaus.

Stefan George

Die Schwestern

Sophie von Alençon
Elisabeth von Österreich

Wer sie gesehn: von echtem königtume
Das noch gebaren feiler gleichheit scheut
Vererbten glanz und acht und gnade hütend:
Empfing der hoheit schauer und den hauch
Von weh und wucht unfaßbar der die niedren
Weit von sich wies ... So schritten sie in adel
Und stolz und trugen herrlicher als andre
Bescholtne kronen ihr erlauchtes haar.

Die jüngste nach der brachen brautschaft trauer
Wo sie den strahlenden Unseligen streifte
Gewann die anmut der drei heiligen lilien*
Und weilte still · ganz liebe und ganz lächeln.
Ihr los erfüllte sich am fest des mitleids.
Schon gellte schrei · schon beizte rauch die augen ·
Man bot ihr rettung · doch sie sprach: ›laßt erst
Die gäste gehn!‹ und sank umhüllt von flammen.**

Die andre war so daß sie tränen regte
Ehmals mit huld und jugend · dann mit huld
Und trübnis. Sie in volkes jauchzen stumm ·
Dem tagessinn unnahbar trug das rätsel
Verborgner ähnlung und verflackte schimmer
Mit sich von eben morgenroten welten:
Bis sie unduldbar leid zum meer zum land
Zum meer zum dolch hintrieb der sie erstach.***

* Sophie (1847–1897) war zuerst die
  Verlobte von Ludwig II. Später hei-
  ratete sie den Grafen Ferdinand von
  Alengon.
** Sie starb 1897 bei einem Brand auf
  einem Wohltätigkeitsbazar.
*** Elisabeths Tod in Genf 1898.

Doch war nicht all-erschreckend gieriges wüten
Vorsichtige sternemilde? Beide litten
Grausamste furcht vor langsam greisem schwinden
Und wurden jäh erlöst in lezten jahren
Da noch • umschlungen von dem vollen leben •
Ihr reiz bestrickte... Oder war dies schönheit
In ihnen dass geheimer bann sie hemmte
Zu brechen mit vergilbtem schicksalspruch?

In: *Der Siebente Ring*. Stuttgart 1986. S. 26–27.
Entstanden nach dem 10.9.1898, dem Todestag
der Kaiserin Elisabeth von Österreich.
Stefan George (1868–1933)
Dichter, versuchte der Kunst eine sakrale
Bedeutung zu geben.

Die Kaiserin Elisabeth, das zweite private Porträt
von Franz Xaver Winterhalter

Giosuè Carducci

An die Walkyren

Zur Todesfeier der Kaiserin und Königin Elisabeth.

»Ihr blonden Walkyren, die es ergötzt, die Rosse zu geißeln,
Hingleitend ob dem Gewölk mit himmelan flatternden Mähnen,
Eintöniger Klage, getragenen Trauergesängen der Priester
Entführet Wittelsbach's Tochter mit Euch dahin durch die Lüfte!
Ob deinem erbebenden hehren Haus welch wuchtend Verhängnis,
Weh, welcher Schmerz auf deinem greisen Haupte, o Habsburg!«

Die lichte Gestalt auf gebäumtem Ross, Euch gleichend, Walkyren,
O, reißet sie fort an ein froher Gestade, wo blau wie der Himmel
Die ionische Welle versonnen mit ebenmäßigem Athem
An Corcyras Schönheit emporhaucht, entgegen blüh'nden Orangen.
Der Mond taucht bleich hervor aus den Bergen Epyrus' und, meerwärts
Sich reckend, langt er die zitternde Fackel hinüber bis Leukas.
Dort harret ihrer Achilles. Verwischet, Walkyren, verwischet
Aus ihrem edlen Herzen die Spur des grausamen Dolches;
Verwischet, erbarmungsreich heilende Göttinnen, ihr aus der Seele
Des Herrscherthums Traumbild, voll von Entsetzen, von bitterem Leide!
In neuer Jugend erwache hold Vindelicien's Rose
Zum süßen Getöne von hell zusammenklingenden Zithern!
Wie lieblich beginnt auf einmal Heine's Muse zu singen –
Wer seufzet ihre Antwort entgegen dort von der leukadischen Herme?
Ein Frieden wie im Elysium, heiter und feierlich stille,
Umfängt nun unter dem freundlichen Mond das Geistergestade.

Alle Valchirie

Bionde Valchirie, a voi diletta sferzar de' cavalli,
sovra i nembi natando, l'erte criniere al cielo.

Via dal lutto uniforme, dal piangere lento de i cherci
rapite or voi, volanti, di Wittelsbach la donna.

Ahi quanto fato grava su l'alta tua casa crollante,
su la tua bianca testa quanto dolore, Absburgo!

Pace, o veglianti ne la caligin di Mantova e Arad
ombre, ed o scarmigliati fantasimi di donne!

Via, Valchirie, con voi la bionda qual voi di cavalli
agitatrice a riva piú cortese! là dove

sotto Corcira bella l'azzurro Jonio sospira
con suo ritmo pensoso verso gli aranci in fiore.

Sorge la bianca luna da' monti d'Epiro ed allunga
sino a Leuca la face tremolante su 'l mare.

Ivi l'aspetta Achille. Tergete, Valchirie, tergete
dal nobil petto l'orma del pugnale villano;

e tergete da l'alma, voi pie sanatrici divine,
il sogno spaventoso, lugubre, de l'impero.

Sveglisi ne' freschi anni la pura vindelica rosa
a un dolce accordo novo di tinnïenti cetre.

Qual piú soave mai, la musa di Heine risuona:
chi da l'erma risponde Leucade, sospirando?

Tien la spirtale riva un'alta screna quïete
come d'elisio sotto la graziosa luna.

In: *Rivista d'Italia*, 15. Oktober 1898; um zwei Zeilen erweitert wiederabgedruckt in *Nuova Antologia*, 1898 (?). Übersetzung von L. K. Nolston, in: *Ein Andenken an Weiland Kaiserin und Königin Elisabeth*, Wien 1899.
Giosuè Carducci (1835–1907)
Italienischer Schriftsteller, Verfasser von Lyrik mit fortschrittsgläubigem, antiklerikalem und nationalem Gehalt. 1906 Nobelpreis für Literatur.

In den sechziger Jahren engagierte Elisabeth die frühere
Burgtheater-Coiffeuse Fanny Feifalik als Friseuse. Seit dieser Zeit trug
sie die berühmtesten Flechtfrisuren ihres Jahrhunderts, die sie als
»Steckbrieffrisuren« bezeichnete

Bertha von Suttner

Zeitschau.

Wien, Ende September 1898.

Kaiserin Elisabeth ermordet! Ein verruchter Dolchstoß in ein stilles, stolzes, weltabgewandtes und – schönes Herz. Wieder waren die Trauer und der Schrecken durch die ganze Culturwelt gedrungen – mit Blitzesschnelle. Wer leugnet noch, daß diese Culturwelt nur eine Seele hat? Als ein strahlendes und poetisches Bild wird in der Geschichte das Andenken an die schmerzensreiche, schönheitsbegeisterte Fürstin fortleben. Und daß sie nicht im Bette starb an Krankheit oder Altersschwäche, sondern zusammenstürzte, unter dem Todesstreich eines fanatischen Irren, gerade als sie den Fuß auf die Schiffsbrücke setzte, zu einer neuen Fahrt in die geliebte Naturpracht hinein – das wird, so erschütternd traurig es auch ist, so hassenswerth auch die That ist, die es verschuldet, das wird jenes Bild mit einem eigenen tragischen Zauber umweben. Vom Grau des Alltags hebst Du Dich ab für alle Zeiten – eine Gestalt in leuchtendem Schwarz: Elisabeth von Österreich!

Der die Unthat begangen, hat sich »Anarchist« genannt. Damit ist von neuem jene Furcht erwacht, welche nach Gewaltmaßregeln, nach Hetzjagd und Ausrottung aller möglicherweise Böses Planenden schreit. Gewiß ist Jeder, der morden will, und zu Mordthaten auffordert, verdammenswerth. Gewiß soll man sich schützen, und wachen und etwaige Complotte vereiteln. Aber vor Allem soll man aufhören, die ganze Gesellschaftsordnung auf das Recht – vielmehr auf die Pflicht des Todtschlags aufzubauen. Den Satz muß man umstoßen, daß irgendein Zweck ein unreines Mittel rechtfertigen könne, und den Satz muß man aufstellen: *Unverletzlich ist das Menschenleben.* – Wenn wir von Frieden und von Waffenniederlegen reden, so antwortet man uns: »die Herren Anarchisten sollen anfangen.« Warum sollen denn die Verkommenen, die Verzweifelten, die vom Elend Gehetzten anfangen? Warum nicht die Glücklichen und Hohen? Man versuche den Vorschlag Nicolaus II. auszuführen und die reichen Mittel, die jetzt zur Vorbereitung des großen Zukunftsmordens vergeudet werden, zur Entelendigung der

Massen zu verwenden, und es wird – wohl noch immer einzelne Schurken und Mörder geben, gegen die man sich schützen muß – aber keine Gruppe von Menschen mehr, die die Gesellschaft zerstören wollen.

In: *Die Waffen nieder! Monatszeitschrift zur Förderung der Friedensbewegung*, herausgegeben von Baronin Bertha von Suttner, Wien, VII. Jahrgang, Nr. 10/11, 1898, S. 379-380.
Bertha von Suttner (1843–1914)
Österreichische Schriftstellerin, Autorin des vielgelesenen Buches *Die Waffen nieder!* (1889), das die Kaiserin ebenfalls gelesen hatte. Engagiert in der modernen Friedensbewegung, Friedens-Nobelpreis.

Henri Dunant

(Brief an Bertha von Suttner)

Heiden, 21. September 1898.
− − − Lassen Sie mich meine Glückwünsche aussprechen zu dem großen Schritt, den der Czar* auf dem Wege gemacht, dem Ihr eifriges Apostolat geweiht ist. Es ist dies ein riesengroßer Schritt und was immer geschehe, die Welt wird nicht mehr »Utopie!« schreien. Die Geringschätzung unserer Ideen** ist ihr fortan untersagt; und wenn die Verwirklichung auch den Congress, der sicher stattfinden wird, nicht augenblicklich folgt, so ist sie doch jedenfalls in Gang gebracht. Diese Initiative bleibt auf immer als Präzedenzfall bestehen.

Der Tod der Kaiserin Elisabeth hat mich tief betrübt − − − − ach, wären unsere Ideen zehn Jahre früher verwirklicht worden, so gäbe es keine Anarchisten mehr! Genehmigen Sie etc.

Henri Dunant,
Gründer des Rothen Kreuzes.

In: *Die Waffen nieder! Monatszeitschrift zur Förderung der Friedensbewegung*, herausgegeben von Baronin Bertha von Suttner, Wien, VII. Jahrgang, Nr. 10/11, 1898, S. 427.
Henri Dunant (1828–1910)
Gründer des Roten Kreuzes 1863, Friedens-Nobelpreis 1901.

* der russische Zar hatte einen
  Abrüstungsvorschlag unterbreitet
** der Friedensbewegung

Berühmtes Foto mit pelzverbrämtem Samtmantel und Hut, den
Lieblingshund Shadow an der Seite, Mitte der sechziger Jahre

Hermann Bahr

Die Kaiserin

Als wir in die Schule kamen, war an der Wand das Bild einer Frau, an
der blieben unsere jungen Augen hängen. Sie war so schön, wie wir
noch nichts gesehen hatten. Man sagte uns, daß es unsere Kaiserin wäre,
und da waren wir ganz stolz und wenn wir nun das »Gott erhalte« singen mußten, sangen wir es gern, denn wir dachten dabei an sie und
freuten uns. Seitdem ist viel verfangen. Aber dieser Liebe haben wir
treu sein dürfen.

Wenn man Bilder von ihr, etwa das bekannte von Schrotzberg oder
auch bloß die Photographien betrachtet, so ist man von ihrer Schönheit
fast betroffen. Kein Schatten des Lebens liegt auf dem reinen Gesicht,
eine leise Melancholie lindert die Strenge der edelsten Züge. Es gibt sehr
schöne Menschen, die doch die Erinnerung an Schlechtes, eine Spur
häßlicher Gedanken im Antlitz haben, aber hier glauben wir ein Wesen
zu erblicken, das niemals durch Menschliches getrübt worden ist. Auch
sieht man diesem kindlich milden Antlitz unsere Zeit nicht an, es könnte aus jedem Jahrhundert sein. An solche zeitlose Mienen erinnern wir
uns aus der Renaissance. Die Mona Lisa ist so, keiner Nation und keinem Alter zugehörend, sondern eine Gestalt, die immer unter den Menschen erscheinen und niemals ihre Art annehmen kann. An sie möchten
wir zuerst denken, aber sie ist doch anders: sie hat etwas Triumphieren-
des über das Leben, sie ist stärker, sie gebietet. Ihren Stolz hat das Antlitz
der Kaiserin nie und seltsam ist: auf keinem Bilde lächelt sie. Der stille
Mund bemüht sich wohl gütig zu sein, aber er will nicht froh werden
und die Augen blicken weg. Sie hat etwas in ihrem Gesicht von jenen
Kindern, um die einem bange ist, weil sie nicht lange leben werden: man
sagt von ihnen, daß sie zu gut für diese Welt sind, und ängstigt sich. Dieses Scheue, fast Flehentliche in ihrem Ausdruck hat Piloty rührend dargestellt, auf einem Bilde aus dem Jahre 1853, als sie Braut war. Da sitzt
sie, in Possenhofen zu Pferde, eben vom Haus wegreitend, mit einem
langen schwarzen Kleide und einem großen schwarzen Hut, auf das
Zierlichste, ja fast kokett anzusehen, aber um die Lippen ist eine solche,
beinahe bittende Angst, daß man das Thier anhalten möchte, um sie lieber nicht fortzulassen. An Büsten junger Griechen aus der späten Zeit
können wir denselben Zug von tiefer Furcht vor dem Schicksal sehen.

Eine abwehrende Geberde gegen das Leben hat sie immer bewahrt. Wie eine Fremde ist sie vorbeigegangen und hat von den Menschen nichts wissen wollen. Ihr Lärm und der Tumult der Leidenschaften ist ihr verhaßt gewesen, die gemeinen Freuden hat sie gemieden, den Prunk der Großen verschmäht. Am liebsten ist sie in der Einsamkeit gewesen, von den Leuten weg, mit der Ewigkeit des Meeres oder der Berge allein. Das Leben muß sie wie eine Verschleierung und Verfinsterung des Guten empfunden haben. Es zu vergessen, um dafür auf die eigene Seele lauschen, die inneren Stimmen vernehmen zu dürfen, hat sie sich gesehnt. Immer trachtete sie, in eine edlere Region zu entkommen. Darum hat sie Heine so geliebt, der auch am Leben krank gewesen ist, und wollte sich mit reinen Werken einer von der Erde abgewendeten Kunst gleichsam wie mit tief betäubenden Träumen umgeben. Man weiß, daß sie ungemeine Menschen von seltener Art an sich zog, die ihr helfen sollten, sich aus den Worten der Dichter eine hellere Existenz zu weben. Von diesen andächtig mit ihr zum Schönen strebenden Freunden ist der unvergeßliche Alexander von Warsberg der beste gewesen. Man würde sie heute »Aestheten« nennen, da der Sinn ihrer großen Sehnsucht in der That derselbe war, den jetzt das Spiel der dem Leben entfliehenden, nach Exstasen begehrenden Artisten in London und Paris hat.

Bei solchen Freunden ist sie ruhiger geworden, von ihnen hat sie gelernt, unser Los mit griechischen Blicken anzusehen. Zum Wesen der Hellenen hat sie eine unendliche, fast religiöse Zuneigung gehabt. Wenn man sagen soll, wie ihr Andenken unter nachdenklichen und sehnsüchtigen Menschen dastehen wird, so möchte man sie die letzte Griechin nennen. Wie ihr Antlitz an die stille Furcht antiker Statuen erinnert hat, so kommen, wenn wir über ihr seltsames Geschick nachsinnen, griechische Gestalten in ihrer tragischen Unschuld herbei: die fürstliche Nausikaa oder die unselige Sappho. Aber am liebsten werden wir sie mit dem frommen Bilde der Iphigenie vergleichen mögen, die, vom Schicksale ihres Hauses betroffen, doch an der Gerechtigkeit der Götter nicht verzagend, ins Leid ergeben und der eigenen Schönheit froh, die dem Menschen nicht genommen werden kann, die ewigen Mächte lobt.

Vor allen anderen ist ihr immer die Stadt des Alkinoos theurer gewesen. Dort hat sie sich getröstet. Gern wird sie da vom Achilleion zur alten Kirche gegangen sein, um im Garten zu sitzen und durch die Cypressen auf das blaue Meer, nach den rothen Bergen Albaniens zu schauen. Da hat sie wohl auch der großen Geschichte gedacht, die in dieser Kirche still begraben ist: denn hier liegt die letzte Kaiserin von Byzanz. Im Buche ihres Freundes Warsberg hat sie gewiß einmal über diese und ihre Tochter Helena nachgelesen, die aus Serbien, nach der Zerstörung ihres Hauses, in das kephalonische Reich geflohen war. Sie hatte ein Kind mit, Melissa. Diese heiratete den Grafen Tocco, den letzten Regenten dieses Stammes über die Inseln. Aber schon nach einem Jahre hatte die Mutter auch noch den Schmerz, ihre Tochter sterben zu sehen. Nun trat sie auf Leukadien in ein Kloster und nahm den Namen der heiligen Hypomene an. »Hypomene«, fährt Warsberg zu erzählen fort, »war die Mutter der Geduld. Sie brauchte viel, um alle diese Prüfungen gottergeben zu ertragen. Vielleicht wollte sie wirklich, indem sie sich mit diesem neuen Namen rufen ließ, sich eine fortwährende Mahnung dazu in das Ohr legen. So starb sie am 7. November 1474, eine geduldige Nonne in diesem Kloster auf St. Maura. Hätte sie sich aber nur etwas länger noch im Leben zu gedulden verstanden, so würde sie auch noch die Flucht ihres Schwiegersohnes, des Grafen Tocco, vor den Türken, die Verwüstung und Einnahme St. Mauras und der anderen odysseischen Inseln erlebt haben.

Es gibt lange Epochen in der Weltgeschichte, wo das Leben nur Dornenkronen hat und die Sonne fortwährend blutig auf- und untergeht. Wehe dann besonders den alten Geschlechtern. Nichts glückt dann mehr ihren Erben und diese büßen zusammengedrängt in die grausamsten Schicksale weniger Stunden, oft nur eine Spanne Zeit, die lange Vergangenheit ihrer glücklicheren Vorfahren ab. Denn das Naturgesetz, welches überall die Wasser ins Gleichgewicht stellt, geht durch die ganze Welt und bewegt auch die moralischen Dinge, so daß sich fortwährend und in allem ein sicherer Ausgleich vollzieht und man nie ganz schuldlos ist, wenn man Ahnen hat.

In: *Die Zeit*, 17. September 1898.
Hermann Bahr (1863–1934)
Österreichischer Schriftsteller und Journalist. Führende Rolle im »Jungen Wien«, Mitbegründer 1894 der Wiener Wochenschrift *Die Zeit*.

Ein wenig bekanntes Foto aus dem Fotoalbum von Sissis Enkelin,
Gräfin Elisabeth Seefried

Karl Kraus

Was für ein Denkmal weiland der Kaiserin Elisabeth gesetzt werden soll? Die siebenundfünfzig vom *Neuen Wiener Tagblatt* Befragten haben darüber gründlich nachgedacht. Die Kaiserin war eine Bergsteigerin, sagt der Eine; so stelle man sie auf einem Bergesgipfel dar. Die Kaiserin war eine Reiterin, sagt ein Anderer; man setze sie in den Sattel. Herrn Noskes Gutachten ward leider nicht eingeholt. Aber es hätte gewiß gelautet: Die Kaiserin hat Heinrich Heine verehrt; man gebe ihr das »Buch der Lieder« in die Hand. Und jeder möchte, daß in diesem Denkmal zugleich auch seines eignen Wesens bestes Theil zum Ausdruck komme. Selbst in der Diction hat Jeder seine Eigenart bewahrt, und es ist von unwiderstehlicher Wirkung, z. B. Herrn v. Sonnenthal, der offenbar glaubte, daß der fragestellende Redacteur des *Neuen Wiener Tagblatt* zugleich auch die Ausführung des Denkmals übernimmt, mit dem Aufgebot seiner ganzen Zärtlichkeit und salonfähigen Delicatesse antworten zu hören: »... Daß man die hohe Frau aufrecht darstelle, darüber ist, wie ich glaube, kein Zweifel möglich – allein, *ich möchte bitten, wenn es möglich ist,* schreitend, vorwärtsschreitend...« Herr v. Sonnenthal ist vielleicht nicht sachverständig, aber höflich.

Indes, waren sich die Herren auch nicht darüber klar, was das Denkmal vorstellen sollte, so wußten sie wenigstens mit Bestimmtheit zu sagen, wo es stehen müsse: Mitten unter dem Volk natürlich, von dem die Kaiserin geliebt wurde, im Volksgarten oder im Votivpark; oder auch, nicht minder natürlich, mitten in der Einsamkeit, die von der Kaiserin geliebt wurde, im Prater, in Schönbrunn oder gar im Wienerwald. Und das *Neue Wiener Tagblatt* hat die Stimmen gezählt, die jedes Project erhielt. Eine von allen will gewogen werden. Wieder einmal hat in einer Kunstfrage der einzige starke Künstlermensch, den Wien heute hat, das einzig Richtige gesagt: Ein kirchliches Denkmal in der neuerbauten Capuzinerkirche errichtet! Otto Wagner selbst hat, wie erinnerlich, vor Jahr und Tag den Entwurf einer neuen Fürstengruftkirche am Mehlmarkt ausgestellt. Und neben allen anderen Gründen muß für die Ausführung seines Vorschlags, des kirchlichen Denkmals und der Kirche, der eine entscheidend sein: daß nun für den großen Baukünstler des gegenwärtigen Österreich die noch stets versagte Gelegenheit gekommen ist, seinen Namen an ein monumentales Werk zu knüpfen. Denn das bauliche Monument unserer Zeit zu schaffen, ist kein anderer berufen.

Um Otto Wagners Anregung willen war vielleicht die ganze En-quête trotz ihrer Wichtigthuerei und komischen Monotonie nicht ganz werthlos. Um das durch den Denkmalsaufruf schwer beleidigte Andenken der Kaiserin haben sich diesmal zwar viel schwatzhafte, aber wenigstens nicht geradezu bescholtene Leute zu schaffen gemacht. Übersieht man die Legion schmarotzender Aufdringlinge, von denen seit dem Tode der Kaiserin jeder einzelne jeden Tag uns glauben machen möchte, daß sie *ihm* gestorben sei, so würde man wohl im Sinne der Hohen handeln, wenn man auf die Frage, wie der Künstler sie darstellen soll, die Antwort ertheilte: *Mit dem Fächer vor dem Gesicht,* wie sie bei Lebzeiten dem sie umkreischenden Pöbel sich zeigte.

In: *Die Fackel,* Nr. 90, Dezember 1901, s. 23 und 24.

Karl Kraus (1874–1936)

Schriftsteller, Satiriker und Essayist, ab 1. April 1899 eigene satirische Streit- und Zeitschrift *Die Fackel* (bis 1936), Verfasser von *Die letzten Tage der Menschheit* (1918/19).

Ganz, ganz selten sind Fotos, auf denen Sissi lächelt, wenn
auch nur ein wenig, wie auf diesem. Aus einer Fotoserie Mitte der
sechziger Jahre von Albert, München

Maurice Barrès

Kaiserin der Einsamkeit[*]

Elisabeth von Bayern, Kaiserin von Österreich! Beständig war sie auf der Flucht, nutzte die Abschirmung ihres Fächers und eine geheime Askese, um bis zu ihrem Tod zu verbergen, welches Kunstwerk letztlich ihre eigenen Bemühungen aus ihr gemacht hatten. Heute bewundern wir sie nun, wenn auch nicht unmittelbar, so doch durch die Erinnerungen eines jungen Dichters, der durch seinen Geist und die äußeren Umstände befähigt war, wirkliche Schönheit zu empfinden.

Der Gelehrte Konstantin Christomanos erinnert sich an meinen Versuch, eine Methode darzustellen, um unsere Empfindsamkeit zu lenken. Er spricht sogar davon, daß der Kaiserin diese kleinen Romane, die er ihr vorlas, gefielen. Er glaubt mit Recht, daß seine Erinnerungen an eine Königin, die kein anderes Reich wollte als ihr Inneres, uns einen bedeutenden und einzigartigen Beitrag zum Ich-Kult liefern würde. Er hat uns gebeten, dem französischen Publikum sein Werk *Elisabeth von Bayern* vorzustellen. Wer aber sind wir schon, um mit diesem wahrhaft majestätischen Werk umzugehen, das die Phantasie noch des armseligsten Lesers zu einem herrlichen Kommentar bewegen wird.

Die göttliche Antigone von Sophokles sagt zu ihrer Schwester Ismene: »Meine Seele ist schon lange tot und steht im Dienst der Toten.« Eine Verrückte, denkt Kreon, und Ismene antwortet ihm: »O Herr! Nie wird der Geist, den uns die Natur gegeben hat, dem Unmaß an Schmerzen widerstehen können.« Gern liest man in der Lieblingssprache der Kaiserin diese Worte, die ihre wunde Stelle berühren, ohne sie zu verletzen.

Aus unserer Sicht müssen wir den Leidensweg der Elisabeth von Bayern preisen. Die junge Kaiserin erregte bei ihrem Volk und den Adeligen Europas große Bewunderung, jedoch wie wunderbar auch ihre eigentliche Schönheit war, wird man jener Schönheit den Vorzug geben, die ihr die Verletzungen des Lebens zufügten. Die französische

[*] Dem Text ist eine Widmung mit folgendem Wortlaut vorangestellt: Für René Quinton, den gelehrten Biologen, dem wir vier unschätzbare Blätter über den wesentlichen Wert und die Vormachtstellung des französischen Geistes verdanken.

Kaiserin Eugénie ahmte sie nach. Wer könnte schon leugnen, daß blutige Tränen und Narben des Lebens den Zauber schöner Frauen vergrößerten.

Allein schon dieser Name, Kaiserin Elisabeth, wird dem phantasievollen Leser – und nur er wird die Lektüre fortsetzen – das Bild wirrer Schrecken um einen schwankenden Thron hervorrufen! Ihre Schwester, die Herzogin Sophie d'Alençon, verbrennt lebendigen Leibes auf einem Wohltätigkeitsbasar; eine andere Schwester verliert schicksalhaft ein Königreich in der Stadt Gaeta; ihr Schwager, der Kaiser Maximilian I., wird in Queretaro hingerichtet; ihre Schwägerin, die Kaiserin Charlotte, verliert vor Schmerz ihren Verstand; ihr Lieblingsvetter, König Ludwig II. von Bayern, ertrinkt im Starnberger See; ihr Schwager, Graf Ludwig von Trani, nimmt sich in Zürich das Leben; der Erzherzog Giovanni von Toscana verzichtet auf seine Würden und bleibt im Meer verschollen; der Erzherzog Wilhelm stürzt tödlich vom Pferd; ihre Nichte, die Erzherzogin Mathilde, verbrennt lebendigen Leibes; der Erzherzog Ladislaus, Sohn des Erzherzogs Joseph, wird auf der Jagd getötet; ihr eigener Sohn schließlich, der Thronfolger Rudolf, bringt sich um oder wird in einer rauschvollen Nacht ermordet, deren Grauen von einem schwarzen Schleier bedeckt bleibt...

In ihrer Familie scheinen Totschlag, Selbstmord, Wahnsinn und Verbrechen umherzuirren wie die Furien von Hellas in den Säulengängen des Palastes von Mykene. Schließlich verlieh dieser Seele ein tragischer Tod den letzten Glanz, von den Schlägen des Schicksals wie ein seltenes Gestein erbarmungslos bearbeitet.

O düstere Herrlichkeit! Herr Christomanos beschreibt uns kaum diesen *cursus honorum*. Gerne würde man die früheren schmerzlichen Lebensabschnitte dieser Tochter aus altem Geschlecht kennenlernen und von den schleichenden Veränderungen hören, die die Kaiserin in ihre Einsamkeit trieben und sie als Tote aus der gemeinen Masse der Schatten herausheben. Um diese Cousine von Ludwig II. ganz verstehen zu können, müßte man über eine fundierte Geschichte der Wittelsbacher verfügen. Sicher wurden bereits vorhandene Neigungen durch äußere Umstände begünstigt. Aber wir wollen jetzt nicht diese Vorbestimmtheit untersuchen. Lassen wir also einen Rest von Mysterium zu. Vor dem Hintergrund eines geheiligten Entsetzens läßt sich die Kaiserin noch besser betrachten. Wir werden Elisabeth von Österreich als Anreiz für unsere Phantasie nehmen, als poetische Nahrung und

Opfer der Schönheit. In ihr können unsere Träumereien Zuflucht finden und sich gleichzeitig erheben.

[...]

Werfen wir den Becher zurück ins Meer

Ich saß in der Redaktion und korrigierte einen Artikel, als mich die Nachricht vom Mord erreichte. Es befanden sich auch einige Schriftsteller in der Redaktion, die man früher »Symbolisten« nannte und als »dekadent« bezeichnete. Sie rühmen sich eines außergewöhnlichen Raffinements, lehnen jegliche Disziplin ab und sehen in der Kunst das Ein und Alles. Einer von ihnen wandte mit großer Wichtigkeit sein rundes Gesicht gen Himmel und erklärte, daß »Luccheni im Grunde unendlich viel interessanter war als diese Frau«.

Diese Einschätzung, die unwidersprochen blieb, traf mich sehr. Ich ging ohne ein Wort hinaus, um auf einem wunderbaren Spaziergang meinen Gedanken zu folgen. Einen Kommentar wie diesen betrachtete ich als wertvolle Erfahrung; er gehört für mich zu der Art von Äußerungen, die unsere Vorstellungen entwirren und uns ermöglichen, die wahre Natur der Menschen unter den Verstellungen und Masken zu erkennen. Natürlich kann man den Wert einer ästhetischen und aristokratischen Sichtweise bezweifeln, für mich klärte sich an diesem Abend die Frage, was diese Poeten, die diesen »Helden« dieser »Heldin« vorzogen, als Ästheten und Aristokraten wirklich taugten. Ich erkenne nun auch den Grund für die Hilflosigkeit unserer heutigen Literatur: die Verwahrlosung der Seele.

Jene, die ihr Leben nach den uns [von Christomanos] beschriebenen Maximen richtete, steht selbstverständlich hunderttausendmal über jenen, die heute den Auftrag haben, gescheite Meinungen in die Welt zu setzen. Es hat dennoch den Anschein, daß ein Hirte, vorausgesetzt er kann dem einfachsten Roman von Walter Scott folgen, für diese ahnungsvolle Feensilhouette im deutschen Nebel empfänglich sein müßte.

Menschen dieser Art leiden überall unter der Dummheit der anderen, und sie lernen, daß es nicht zuträglich ist, hohe Gedanken zu haben. Wenn sie sich in der Jugend manchmal dazu hinreißen lassen, das Einzigartige ihres Innenlebens an den Tag zu legen, bereuen sie dies sehr schnell; von nun an verschwinden sie freiwillig hinter der Rolle, die sie spielen sollen, und verzichten auf das, was ihnen Haß oder Sympathie zuziehen könnte; im übrigen ist diese innere Zurückgezogenheit weniger Lebensklugheit als vielmehr eine Reaktion auf Leidenschaften und den Hang zur Melancholie; »lebendig begraben« ist die Bezeichnung, die auf sie zutrifft.

Hatte Konstantin Christomanos das Recht, dieser freiwilligen Einsiedlerin jene zu entreißen, die er nun der Gesellschaft der Poeten ausliefert? Jung, schäumend vor Träumen und auf der Welt, um ihnen Ausdruck zu verleihen, konnte er angesichts dieser hochpoetischen Kaiserin nicht die Augen ausstechen und die Zunge abschneiden. Er erzählt uns, was er gesehen hat, und überträgt er nicht tatsächlich die Verzauberungen, deren Magie er erliegt, in vortreffliche Verse? In seinem Enthusiasmus hat er natürlich etwas von dieser sich selbst verzehrenden Glut umgeleitet; dafür soll man ihn nicht der Entführung beschuldigen, sondern der Verzückung. Er durfte den Becher nicht zurück ins Meer werfen, den er dank dem Zufall der Vorsehung – so mußte er denken – dem Schlund der Vergessenheit entreißen durfte. Schließlich hat auch nie jemand die Freunde von Vergil gerügt, als sie sich weigerten, die *Aeneas* zu zerstören, wie er es ihnen auf dem Sterbebett befohlen hatte.

Ach! Solange er in der Tiefe des Schlundes liegt, wird der Becher des Königs von Thule unser Sehnen nach dem Unerklärlichen andauern lassen und uns verleiten, weiterhin alles aufs Spiel zu setzen; aber was wird er noch gelten, wenn man ihn unter den Tischgenossen kreisen läßt, die man auf dem Marktplatz aufgelesen hat und die schon randvoll sind mit gewöhnlichen Getränken? Möge der Himmel verhüten, daß diese Kaiserin der Einsamkeit zu einem literarischen Thema wird und, wie man sicher sagen wird, zu einem ästhetischen Objekt. Schaut an, was man mit ihrem Vetter Ludwig II. angerichtet hat: einen romantischen Leichnam am Ufer des Starnberger Sees, entweiht von Klatsch, der sich in unförmigen und zähen Anhäufungen verbreitet. Man braucht die granitene Härte eines Pascal, Rousseau, Byron, Chateaubriand und Napoleon, um diesen Parasiten zu widerstehen; sie entehren und verformen sehr schnell die leicht schwankenden Gestalten, die unsere Betrachtungen beflügeln, die jedoch versäumten, in einer Kunstform zur Wirklichkeit zu werden und ihre verführerische Beweglichkeit gegen die Beständigkeit der Vollkommenheit einzutauschen.

Wollen wir dieser Kaiserin ihre geliebte Einsamkeit erhalten, diese Aura ihrer Schönheit, so dürfen wir ihr nicht den Tadel ersparen, den kein starker Geist je zurückhalten darf gegenüber jenen Wesen, die den Sinn des Lebens verkennen, die sich nicht nützlich machen und sich in unlöslichen und daher kindischen Problemen der Anschauung verlieren. Haben wir da nicht eine denkwürdige Formel zur Hand, die Auguste Comte einmal gegenüber Clotilde de Vaux äußerte: »Es ist der großen Herzen unwürdig, die Wirrnis, die sie spüren, noch auszustreuen.«

Die erste Fassung dieses Textes diente 1900 als Einführung zur französischen Ausgabe von Konstantin Christomanos' *Elisabeth von Österreich. Die Tagebuchblätter.* 1903 wurde der Text in einer erweiterten Fassung in *Amori et Dolori sacrum* von Maurice Barrès veröffentlicht. Aus dieser Ausgabe wurde für das vorliegende Buch das erste und das letzte Kapitel übersetzt.

Maurice Barrès (1862–1923)
Französischer Schriftsteller, Vertreter des Ichkults und des romantischen Kults der »Erde und der Toten«.

Aus einer Fotoserie von Angerer aus den sechziger Jahren

Carmen Sylva

Die Kaiserin Elisabeth in Sinaia*

Mit ihren wunderbaren Märchenaugen, die aussahen wie Edelsteine, wie das Meer, sah sie mir so gerade ins Gesicht, daß ich nicht im Stande gewesen wäre, der Wahrheit auch nur das leiseste Mäntelchen der Konvention umzuhängen. Sie dachte so kühn und so frei und sagte, was sie dachte, in so reizender Form, daß man oft nicht gleich den Humor und den Schalk entdeckte, weil es so trocken herausgekommen war. Beim ersten Diner sagte sie zu mir: »Ich habe nicht meine Friseurin mitgebracht, sondern die von meinen Schwestern«, und als ich sie fragend ansah, fuhr sie in demselben Tone fort: »Von den Königinnen und Prinzessinnen von der Bühne!« Ich hätte gern hell aufgelacht vor Freude, daß sie ihre Stellung von der Seite ansah und auf das Äußere derselben so wenig gab. Sie haßte Etikette und all das Zeug, das man im Laufe der Zeiten unserer Würde hat umhängen wollen, als wäre sie schon so nicht schwer genug. Und als ich zu ihr sagte: »Deine große Schönheit hilft dir nicht und nimmt dir keine Schüchternheit fort!« antwortete sie: »Ich bin nicht schüchtern, es langweilt mich nur! Da hängt man mir schöne Kleider um und vielen Schmuck, und dann trete ich hinaus und sage den Leuten ein paar Worte, und dann eile ich in mein Zimmer, reiße das alles ab und schreibe, und Heine diktiert mir!«

Ja, ihr Heine-Kultus war schön! Es war so beherzt von ihr, als Deutschland sich die Schmach antat, einem seiner größten Dichter das Monument zu verweigern, mit dem es sich selbst geschmückt haben würde, es allein zu machen, und sie stellte es in die Sonne und vor das Meer, wo es in Wirklichkeit hingehörte!** Sie fand eben in Heine die Verachtung aller Äußerlichkeiten, die sie so tief empfand, sie fand die Bitterkeit, mit dem ihr schweres, einsames Schicksal sie erfüllte, und den Schalk, der ihr selbst im Nacken saß und ihr so originelle und überraschende Äußerungen

---

* In Sinaia (Südkarpaten, Rumänien) befand sich das Schloß Pelesch des Königs von Rumänien. Es war das erste völlig elektrifizierte Schloß Europas (1884). Die Kaiserin Elisabeth und die Königin Elisabeth von Rumänien haben sich in den achtziger und neunziger Jahren verschiedene Male getroffen und sehr gut verstanden.

** Elisabeth unterstützte in den achtziger Jahren die Errichtung eines

entlockte. Sie sagte nie etwas Gewöhnliches, Erwartetes oder Hergebrachtes, sondern gerade, was man nicht erwartete, das sagte sie. Als ich ihr dankte, daß sie uns besuchte, da sie das so äußerst selten tat, und meinte, es hätte ja weiter keine Konsequenzen, da sie nur zu sagen brauchte, sie ginge nicht tiefer als dreitausend Fuß (und kein anderes Schloß liegt tausend Meter über dem Meere), da sagte sie rasch und zwischen den Zähnen: »Ich habe auch gern Menschen, die dreitausend Fuß über den anderen sind!«

Ich merkte erst gar nicht, was sie eigentlich gesagt hatte, weil es so rasch und nebenbei kam, wie eine Seitenbemerkung von keiner Bedeutung. Sie dachte weit und kühn und groß und ganz außerhalb der betretenen Wege, wie sie auch gern weit hinausging auf unbekannnten Wegen und sich in die Natur versenkte.

Ihren Strahlenblick, als ich ihr früh um 5 Uhr bei unserem Spaziergang im Walde die Manole-Legende und meinen Plan zu meinem Drama erzählte, werde ich nie vergessen! Dann erzählte sie mir, daß sie auch schriebe, aber alles verborgen hielte bis fünfzig Jahre später, wenn sie schon lange gestorben sei. Sie wolle nicht, daß irgend jemand es sähe, was sie schrieb! Es wird eine Enthüllung sein über diese Frau, die so wenige gekannt, aber diese wenigen haben sie abgöttisch verehrt und geliebt, diese wenigen wußten, was für eine tiefe Denkerin sie war, und wie sie den Tand verachtete und allen Schein und alles Unwahre.

Sie besuchte gern Irrenhäuser, ich glaube, in der Hoffnung, dort ungeschminkte Natur zu finden. Sie dachte, wenigstens dort sei keine Heuchelei! Es war sehr natürlich, daß sie unter allen Dichtern Heine am liebsten haben mußte, weil er eben auch so verzweifelt ist über alle Unwahrheit der Welt und gar nicht genug Worte findet, um das Hohle darin zu geißeln! Sie konnte es unserer Stellung nicht verzeihen, daß wir soviel mit Schein und Unwahrheit zu tun haben und so schwer auf den Kern durchdringen können. Sie konnte es nicht überwinden, daß die Menschen uns olympisch sehen wollen und es nicht gern haben, daß wir weinen und seufzen wie sie. Sie haben uns hoch gestellt, damit wir immer lächeln sollen und ihnen das Gefühl der Sicherheit geben,

Heine-Denkmals in Düsseldorf. Wegen heftiger Opposition von Antisemiten, Deutschnationalen und Monarchisten wurde das Monument nicht verwirklicht. Elisabeth zog sich zurück und widmete ihrem geliebten Dichter im Garten ihrer Villa Achilleion auf Korfu einen kleinen Tempel mit Statue.

daß man auf Erden heiter sein kann. Aber eben darin liegt schon eine unerbittliche, grausame Lüge. Wir leiden und weinen geradeso wie Shylock, und da hilft kein menschliches Piedestal!

Gott findet unsere Herzen und trifft sie ebenso schwer wie die der anderen armen Menschen, und sie winden sich in Qual und sollen dann immer noch heitere Ruhe zur Schau tragen. Dagegen lehnte sie sich auf mit aller Kraft. Es war eine so ungeheure Kraft in ihr. Es war, als müßte sie austoben, was zu viel da war, mit Reiten und Gehen und Reisen und Schreiben, alles soviel als irgend möglich, nur um dem Druck der Verhältnisse zu entrinnen. Sie wollte nicht Pegasus im Joch sein, sie wollte zeigen, daß sie Flügel hätte, und das haben ihr viele verargt. Man wollte sie lieber im Joch sehen als frei und unabhängig; man wollte das herrliche Geschöpf schmachten lassen unter dem Druck unerträglicher Langeweile.

Denn alle diese Parade ist doch wirklich tödlich, wenn man nicht mit Riesengewalt Geist hineinströmt. Aber wenn man stundenlang auf demselben Platze lächelt, dann bleibt wenig Geist mehr im Gehirn, man ist müde und kann nicht mehr, geradeso wie die anderen Menschen, die auch nicht geistreicher werden, wenn sie vier bis fünf Stunden auf demselben Platze gestanden haben. Sie fand das einen unerträglichen, unnötigen Zeitverlust, sie wollte alle diese Schranken durchbrechen, denen sie keine Notwendigkeit und keinen Wert absah. Sie wollte an die Seelen kommen. Darum war sie so gerne in Ungarn, weil sie dort lange nicht so behindert war durch veraltetes Fromenwesen, sondern die Kinder kamen ihr entgegen mit ausgestreckten Händchen: »Guten Tag, Frau Königin!«

Sie fühlte die starke, junge, aufströmende Rasse in Ungarn und freute sich daran. Sie freute sich an allem, das wie sie sich streckte und empor wollte aus dem Alltäglichen und Kleinen und neue Bahnen gehen, neue Kräfte zeigen. Sie tat Gutes, wohin sie kam, sie half allenthalben, Künstlern und Armen, Gelehrten und Betrübten. Ich sah das Mitleid in ihrem Gesicht und die tiefe, warme Sympathie wie einen Quell, ich sah die ganze Schönheit dieser Seele in ihrer wundervollen Hülle! Es war grausam vom Schicksal, sie so zu beengen durch die Verhältnisse, gegen die sie zuerst nicht aufkommen konnte bei ihrer allzu großen Jugend. Aber ihren Gedankenflug konnte man nicht hemmen; sie wollte wissen.

»Die Natur ist sehr grausam!« sagte sie zu mir, bei einem der Spaziergänge, bei denen wir am meisten sprachen, da uns niemand hörte. Während man ihr wundervolles Haar kämmte, sah sie es gar nicht an, es lag fast auf der Erde neben ihr, in lauter Ringeln von oben bis unten; sie aber las und schrieb und war in Gedanken versunken, während man ihren schönsten Schmuck pflegte und ordnete. Doch hielt sie sehr darauf und freute sich an dieser Pracht, aber in ihrer eigenen Weise. Gott hatte ihr ein natürliches Diadem auf die Stirn gelegt und sie trug es erhobenen Hauptes, wie ein seltenes stolzes Tier, das sich seiner Schönheit freut.

Auch hierin war sie so vollkommen wahr und natürlich, nicht ein Hauch von etwas Gemachtem in einer Regung ihrer Seele. Man hätte gern in ihre einsamen Stunden hincingeblickt, in denen sie nur Gedanken Audienz gab. Sie hatte sich von vielem befreit, nur um besser denken zu können und um den Menschen zu lehren, daß es auf das Äußere nicht ankommt. Sie scherzte so lieblich und hatte etwas Berückendes in dem Grübchen am Kinn und dem reizenden Lächeln, das um die ernsten Augen spielte. Sie ging immer ohne Handschuhe im Freien und am meisten ohne Hut. Sie wollte Sonne und Luft haben für ihr schönes Haar, das golden schimmerte im Glanz der Morgensonne, so viele goldene Fäden durchzogen das braune, weiche Haar, das am Nacken sich in allerliebste Löckchen kräuselte. Ihre Stimme war tief und verschleiert, wie von jemand, der selten und wenig spricht und die Stimme aus merkwürdigen Tiefen hervorzuholen scheint.

Mit langem, elastischen Schritt stieg sie die Berge hinan und stand und betrachtete schweigend die Aussicht und freute sich an Gottes Schöpfung, wie ein Kind sich freut. So ganz ohne Nebengedanken, ganz dem Eindruck hingegeben. Und dann sprachen und sprachen wir weiter stundenlang, der Faden riß nicht ab, denn jeden Augenblick entdeckten wir neue Sympathien! Ach! Ach! Und dann sah ich sie so lange nicht! Erst nach der furchtbaren Katastrophe, daran ihr armes Herz brach!* Ich wagte nur leise, sie zu fragen, ob sie sich noch manchmal wider das Schicksal auflehnt. Sie antwortete ganz ruhig: »Nein, ich bin von Stein!« Als sie durchaus nicht leiden wollte, daß die Geheimpolizei sie auf Schritt und Tritt begleitete, sagte der Präfekt von Nizza zu ihr, es sei für ihn eine zu große Verantwortung bei ihrer hohen Stellung. Da bat sie ihn so, ihre Stellung zu vergessen, und fügte hinzu: »Je ne suis qu'une pauvre femme, qui pleure son enfant!«**

---

* Der Selbstmord des Kronprinzen Rudolf in Mayerling am 31. Januar 1889.

** »Ich bin nur eine arme Frau, die ihr Kind beweint.«

Ich habe die tiefste Überzeugung, daß sie den Tod gefühlt hat, aber nichts gesagt, damit der Arme entkäme, der sie getroffen. Er sollte nicht gefangen und mißhandelt werden, denn ihr war der Tod so sehr willkommen! Wie hätte sie gestattet, das man den verfolgt hätte, der ihn ihr so leicht und schmerzlos gegeben! Sie hatte sich ja immer gewünscht, plötzlich zu sterben. Nichts wird es mir aus dem Kopfe nehmen, daß sie ganz gut gewußt hat, was sie traf, und daß das Mitleid, das ihr ganzes Leben verschönt hat, noch in der Todesstunde die Oberhand behalten hat. Wenn man nicht glaubte, daß Gott auch die Mörderhand führt, wenn er einem seiner Kinder die Bitterkeit des Todes ersparen will, dann müßte man verzweifeln! Aber hier ist es zu offenbar, wie gut es Gott gemeint hat, und wie leise der Tod an sie herangetreten, fast unsichtbar, unscheinbar, und sie vor all dem schrecklichen Pomp und der Qual bewahrt hat, in der die heutigen Ärzte soviel Kunst gefunden zu haben glauben, in der Verlängerung der Agonie. Sie mußte so einfach sterben, wie sie gelebt, auch da keine Schaustellung, keine Vorbereitungen, kein Kopfschütteln und Harren gedankenloser, teilnahmsloser Menschen, für die das Ableben der Großen nur ein Verändern ihrer eigenen Lage bedeutet. Es war lauter Einfachheit und Ruhe dabei, man konnte ihr ihre Sterbestunde nicht vergiften, es kam so still und sanft, wie ihre Stimme, wie ihr ganzes Wesen! Nur für die Welt schien es grausam und entsetzlich, für sie nicht, für sie war es schön und still und groß, im Anblick geliebter, großer Natur, schmerzlos und friedlich.

Sie gab uns Frauen auf den Thronen der Welt das herrliche Gefühl, daß wir die Gefahr teilen dürfen und nicht ausgeschlossen sind, sondern ebenso beherzt sein dürfen als unsere Männer. Es war sehr schön. Das haben die Menschen gar nicht verstehen wollen. Ich aber, ich wußte, wie dankbar sie für ein solches Ende gewesen ist und wie sie deshalb den armen Teufel hat entschlüpfen lassen wollen, statt ihn ewiger Kerkerhaft zu überantworten. Sie war viel zu klar und viel zu sehr bewandert in Naturkunde und Medizin, um nicht zu wissen, daß sie tödlich getroffen war. Aber für sie war kein Schrecken dabei, für sie schlug die Erlösungsstunde mit Feierklang.

Es ist nicht allen Menschen angenehm, im Kreise zahlreicher Leidtragender den Geist aufzugeben und von allen möglichen Zeremonien noch im Sterben umgeben zu sein. Manche sterben gern noch schön für die Welt, das hätte ihr gar nicht ähnlich gesehen. Sie wollte gar nichts sein für die Welt, auch im Sterben nicht. Sie wollte einsam sein und auch ebenso unbemerkt die Welt verlassen, durch die sie so oft dahingeschritten war, Ruhe suchend, in ihrem rastlosen Drängen nach Höherem und Vollkommenerem.

Sie sagte mir, sie möchte fahren, fahren, fahren, und die Welt sei zu eng und zu klein! Was war ihr großes Reich, wenn doch die Erde zu eng war ihrem Geistesfluge. Die Stellung erschien ihr nicht hoch, sondern unsäglich menschlich klein. Die Märchenaugen sahen tief in das Innere der Dinge hinein; man hatte das Gefühl, daß sie mit Bergmännchen und Elfen im innigen Verkehr stehen müßte. Und dabei das klare, scharfe Urteil über alles! Sie war ihrem Gatten die vertrauteste Freundin, auch wenn sie nicht bei ihm war, im regen, unablässigen Briefwechsel teilte sie ihm ihre Anschauungen mit. Und das wußte wiederum niemand. Manche, die sie kritisierten und meinten, sie versäume manches, wußten nicht, daß sie ihrem Gatten mehr war als viele, die immer dastehen und aussehen, als wären sie eine Hilfe. Sie verlangte in nichts, gar nichts nach der Anerkennung der Welt, die sie ganz und gar verachtete. Ihre Treue weckte Treue!

Alle, die ihr nahe standen, fühlten den warmen Strahl ihrer Liebe und Güte. Oft, wenn ich in Sinaia das Zimmer betrete, das sie bewohnte, freut es mich, daß sie dagewesen! An unserem Eßtisch denke ich jeden Tag: Hier hat sie gesessen und mir leise alle die originellen Dinge gesagt, von denen niemand um uns her eine Ahnung hatte. Ich sagte auch alles genau so, wie ich es dachte, ohne Umschweife. Wozu Umschweife bei diesen Augen und diesen kurzen, klaren, einfachen Sätzen, die schlagend antworteten.

Da wollten die Menschen ein Feenkind einpanzern, in die Qual der Etikette und der steifen, toten Formen, aber Feenkind läßt sich nicht einsperren, bändigen und knechten, Feenkind hat heimliche Flügel, die es immer ausbreitet und davonfliegt, wenn es die Welt unerträglich findet! Die wunderbare, verhaltene Glut in diesem Blick!

Die Menschen haben durch das Formenwesen, das sie gewohnt sind, sich um das Aufleuchten dieser Augen gebracht, die sie hätten sehen können, wenn sie ihrer Kaiserin hätten ganz einfach nahen können, ohne all den Prunk, ohne all diese Barrikaden um sie her. Wie sprach sie liebevoll zu denen, die unglücklich waren oder deren Werk sie bewunderte. Ihre strahlende Schönheit hat manche so hingerissen und berauscht, daß sie vergaßen, nach der noch viel schöneren Seele zu suchen und sich an diese zu wenden.

Sie war eine Natur, die kein Leid überwinden konnte. Es blieb tief und ewig, wie in einem Brunnen. Das kleine Töchterchen, bei dessen Tode sie gefehlt, wie blieb der Schmerz so heiß und ungetröstet, und wie schossen ihr Tränen in die Augen und Glut in die Wangen, wenn sie nur von fern daranrührte.*

»Es gibt Dinge«, sagte sie, als sie mich in tiefer Trauer wiedersah, »über die man am besten schweigt!« Und dabei standen ihre wundervollen Augen voll Tränen! Diese Teilnahme hat mir mehr gesagt als viele und lange Worte.

Man ist geneigt, einen Menschen der Pflichtvergessenheit anzuklagen, sobald er nicht im Rade, in der Tretmühle, in der alten Wasserpumpe laufen will, welche die Sitte für diese Kaste oder für jene Kategorie von Menschen erdacht. Nun hat einer einmal den Mut, anders zu sein, zu denken und zu handeln, da wird er beinahe gesteinigt von denen, die anders nicht gehen können als in der Tretmühle. Ich sage immer: »Die Mode ist für Frauen, die keinen Geschmack haben, die Etikette für Menschen, denen es an Erziehung fehlt, die Kirche für Menschen, denen es an Religion gebricht, die Tretmühle für diejenigen, die keine Phantasie oder Spannkraft haben!«

Pegasus kann aber nicht im Joch gehen, er wird es unfehlbar in Stücke sprengen, denn es ist ihm einfach unmöglich. Pegasus hat Flügel, und das vergessen die Menschen so gern, und wenn sie nicht tapfer gefaltet bleiben, so möchten sie sie am liebsten ganz beschneiden, so daß sie sie nicht mehr tragen können, nie mehr die Weite umspannen, nie davonfliegen, dahin, wohin der Pöbel nicht folgen kann. Aber der Pöbel ist nicht der Besitzer eines edlen Geschöpfes, auch wenn es seine Kaiserin ist. Der Pöbel hat nichts mit dem Feenkinde gemein und sollte sich begnügen mit einem Lächeln. Ich meine den Pöbel im weitesten Sinne, den Pöbel der Seele und des Geistes natürlich, nicht die Gemeinschaft von Menschen, die dicht gedrängt stehen und mit Tränen in den Augen einen Gruß hinnehmen wie ein Geschenk, das ist kein Pöbel! Das ist kein Pöbel, wenn alle Herzen zittern in Liebe und Freude und den Gruß aus den schönen Augen fühlen wie eine Gottesgabe, für die sie nicht umsonst Opfer gebracht haben. Zwischen der Landesmutter und dem Volke sollte eben niemals Pöbel stehen, es sollte sie ganz

* Am 29. Mai 1857 stirbt Sophie, ihr erstes Kind, zweijährig in Budapest.

nahe haben, ganz lieb haben dürfen und nicht in verkehrte Auffassungen hineingeschraubt werden.

Wenn ein Volk das Opfer bringt, eine Landesmutter haben zu wollen, dann soll es auch die helle Freude an ihr haben, aber auch ihr Leid teilen und nicht verlangen, daß sie noch immer lächeln soll, wenn das Blut ihr leise vom Herzen hinunterrieselt.

Es war alles groß an dieser Frau, ihr Gang, ihr Haar, ihre Gedanken, ihr Blick, der Klang der tiefen, weichen Stimme, die so verhalten war, als wären Wellen von Leidenschaft dahinter. Ich habe nie lesen mögen, was andere über sie geschrieben haben. Ich wollte meinen eigenen Eindruck von ihr ungestört behalten und meinen Schwarm nicht geschmälert haben durch anderer Leute Auffassungen.

Als sie tot war, da sagte man: »Und diese Frau hat doch nichts anderes als lauter Gutes getan, wohin sie den Fuß setzte!« Das war ihr Nachruf, das war, womit man sie beweinte. Und nun wachsen Monumente ihr nach aus der Erde, und da steht sie noch in ihrer einfachen Ruhe und Größe, prunklos, aber hehr!

In: *Neue Freie Presse* (Wien), 25. Dezember 1906.

Carmen Sylva, Dichterpseudonym der Königin Elisabeth von Rumänien (1843–1916)

Verfasserin von Dramen, Gedichten, rumänischen Märchen und Romanen.

Spätes Foto von Angerer, Wien um 1870

Peter Altenberg

So bist du denn nun nahegerückt der Menge, du Entfernteste! Rastend milde vom Leben und seiner Fülle, wie Goethe an einem Platz in nächster Nähe. Entfernt warst du und unnahbar wie ein jeder, der innerlich kommende Welten lebt, dem, der das Nächste sieht und seinen Zweck! Romantischen Dichtern vergleichbar bist du, mit allen ihren melancholischen Träumen, lauschend dem Sang der Baumeswipfel im Morgenwinde, und den schrillen Schrei des Lebens meidend! Wer findet hienieden, hat allzunah gesucht – wer ewig sucht, der findet seine Seele! Genügsamkeit, unromantischstes Wort dieser Erde!
Elisabeth, was konnte dir genügen?!
Bergfrieden und die eigene Einsamkeit!
Was viele zarte Edle, in sparsamen Augenblicken nur, zu erträumen, zu erleiden wagen, dazu hattest du die Kraft ein Leben lang!
Ferngerückt warst du denen, die geknebelt von Tag und Stunde den leisen Seufzer feige unterdrücken müssen in ihren Polstern nach Welten, die da kommen werden – – –. Nah warst du den Dichtern, den träumerischen wagemutigen Vorläufern der Menschheit – – –.
Nun bist du allen nahgerückt, Entfernteste. Rastend milde vom Leben und seiner Bürde, sitzest du auf einer Gartenbank, und Grün und Wasser umgeben dich wie schützend. Ernst naht die Menge, bespricht leise dies und das an Anlage und Monument, man stellt sich nah und weiter, und manchem stillen Kinde sagt die Mutter von ungefähr, wie diese hehre Frau gewesen ist – – –!

Anläßlich der Enthüllung des Elisabeth-Denkmals
im Volksgarten 1907 entstandene Skizze.
Märchen des Lebens, 1908.
Peter Altenberg (1859–1919)
Österreichischer Schriftsteller, Verfasser von Prosaskizzen
und wichtiger Vertreter des Wiener Impressionismus.

Foto von Angerer, Wien um 1870

Felix Salten

Elisabeth

Jetzt ist uns ihre Existenz fast schon wie etwas Unwirkliches, ihre Gestalt schwebend wie die Gestalten eines Traumes, und auf ihr Schicksal blicken wir kaum noch wie auf ein gelebtes Dasein, sondern wie auf eine Dichtung. Das rührt von der tiefsten Seelenkraft dieser Frau her, die alle Wirklichkeit immer ins Erhabene emporzwang. Das rührt davon her, daß ihr Wesen vom Geschick freilich verwundet, aber niemals bestaubt werden konnte. Was auch rings um sie her an Verheißungen hindorrte, ihr eigener Sinn ist nicht welk geworden. Was auch von ihr an teuren Gütern in Trümmer sank, es vermochte nicht, ihr den Weg zu sich selbst zu verrammeln. Dieses unbegreiflich hohe Hinwegschreiten über das äußere Leben macht es, daß ihr Dasein jetzt einer Legende gleicht.

Es fängt mit dem strahlenden Glück an, läuft aus sonniger Pracht in dunkle Trauer und endigt in grauenhaftem Tod. Momente aus ihrem Leben: die stürmisch geliebte Kaiserbraut, die in Wien einzog, so lieblich, daß sie nicht bloß die erste, sondern die schönste Frau des Reiches war. Die schönste Kaiserin an einem lachenden, frohgelaunten Hof, in einem lachenden, frohgelaunten Wien. Dann ihre Krönung zur Königin von Ungarn, bejubelt, wie seit den Tagen der Maria Theresia keine Monarchin mehr bejubelt wurde. Dann ein langsames Hinweggleiten aus all dem Glanz. Einsam und einsamer auf weiten Reisen. Dann der Tag von Mayerling. Das jähe Hinstürzen jeglicher Zukunftshoffnung. Dann wieder tiefe Einsamkeit in fernen Ländern. Der Traum vom Griechentum in dem weißen Schloß auf Korfu. Ein unerfüllter Traum. Das Schloß blieb verlassen. Wandern, wandern, wandern. An den Gestaden südlicher Meere, durch kleine Städte Italiens. Unerkannt, unscheinbar in ihren Trauerkleidern, versteckt und den Zudrang der Menschen meidend. Jahre. Dann am Genfer See das schnelle, aus Mörderhand empfangene Sterben.

Die Kaiserin... Sie ist uns lange schon entschwebt, war uns eine Gestalt, die irgendwo ihr Dasein hoch über dem Dasein anderer Menschen ins Weite trug. Nur manchmal drang eine Kunde von ihr bis zu uns herüber, nur manchmal kam ein Klang aus ihrer Welt zu uns herangeweht. Und wunderbar, wie feines Ahnen in den Instinkten der Menge liegt, daß man aus so fernen Fernen die Kaiserin verstand, daß man ihr Suchen nach Schönheit und Ruhe begriff, daß man banalere Vorstellungen vom Walten einer Kaiserin still beiseite legte und mit ahnungsvoller Ehrfurcht eine Menschlichkeit bewunderte, die über den höchsten irdischen Rang hinaus höheren Graden noch sehnsüchtig entgegenstrebte. Die Kaiserin. Auch dieses Wort ist durch Elisabeth zarter, märchenhafter, unwirklicher, gleichsam dichterischer geworden.

Wir haben Bilder aus ihrer Jugendzeit. Denn ein anderes Antlitz als das ihrer blühenden Jugend hat sie dem Volke niemals im Bilde gezeigt. Aber indem wir diese Bilder jetzt betrachten, wissen wir, daß keines ihr wirkliches Wesen enthüllt. Dieses edel schmale Gesicht sehen wir, die Anmut ihrer geschwungenen Lippen, die dunkle Tiefe ihrer Augen. Doch wir sehen, daß alle Maler die Prinzessin Elisabeth malen wollten, die Kaiserin Elisabeth. Und daß keiner es vermocht hat, Elisabeth zu malen. Wir sehen, daß dieses Antlitz etwas noch verbirgt, ein Unaufgefundenes, ein Verhehltes, ein Verschlossenes: sein Bestes. Die Züge sind da, aber was diese Züge zur Einheit verschmilzt, was sie beseelt, das ist nicht da. An die leere Stelle tritt ein offizieller Ausdruck: Kaiserin. Die Lebendigkeit dieses Gesichtes, seine zarteste, intimste Lebendigkeit hat keiner von den Malern gegeben. Vielleicht auch, weil keiner sie erfassen konnte.

So ist ihr Wesen auch dem einfacher Zugreifenden nicht erfaßlich gewesen. Nicht in geraden, handlichen Worten ließ es sich sagen. Etwa: sie ist heiter gewesen, oder melancholisch, oder freigeistig, oder fromm, oder demütig, oder stolz, gütig oder voll Energie. Sie war am Ende zu sehr alles zusammen, heiter und melancholisch, freigeistig und fromm, demütig und stolz und gütig und voll Energie und noch vieles andere dazu. Sie war viel zu sehr alles zusammen, als daß man dem Volke eine Formel hätte darreichen können: so und so ist deine Kaiserin. Kann sein, man hätte sagen dürfen: sie ist fürstlich. Aber die Begriffe, die vom Fürstlichsein umgehen, sind durch andere Beispiele entstanden und gewertet worden. Es hätte Mißverständnisse gegeben.

Mancherlei Erbe trug sie in ihrem königlichen Blut. Die Wittelsbacher vermochten es oft, ihr fürstliches Vergnügen künstlerisch zu veredeln, hatten die Gabe, in geistigen Genüssen zu schwelgen, ja zu prassen wie andere in Genüssen des Leibes, hatten oft diese stürmende Seele, die sich selbst zerarbeitet. Zu ihren Urmüttern zählte Therese Kunigunde, des Polenkönigs Sobieski stolze und wildschöne Tochter, die das Reiten und Jagen liebte und das Bücherlesen, und dem höfischen Zeremoniell sich ewig widersetzte. Sie war des Kurfürsten Max Emanuel Gattin. Elisabeths Vater war der Herzog Max, den seine Sehnsucht in den Orient trieb. Es war die große Reise seines Lebens. Und sein Traum vom Reisen war der Orient. Ein Dichter, wie König Ludwig I., ein besserer vielleicht. Mindestens ein sehr kultivierter Dilettant, der historische Novellen aus der Renaissancezeit schrieb. Königliche Prunkliebe und bürgerliche Einfachheit ist bei den Wittelsbachern. Aber am Ende mag man alle Gaben, die das Bayernhaus zu vererben hat, noch so sehr durchsuchen, noch so sehr durcheinandermischen, die wundervolle Zartheit, die geheimnistiefe Kraft, die in der Kaiserin Elisabeth gelebt hat, entschleiert sich und erklärt sich damit nicht.

Was wissen wir auch von ihr? Daß sie in ihrer Jugend die adelige Kunst des Reitens geliebt und geübt hat. Daß ihr Körper gestählt und geschmeidig war und daß ihr Gang eine musikalische Schönheit besaß, die aus solcher Meisterschaft herkam. Daß sie den Zauber einer unberührten Natur, Bergwälder und Meeresufer inniger verehrte als den Tumult mondäner Amüsements. Daß keine Eitelkeit und keine Hoffart in ihr war, die sie getrieben hätten, sich am lärmenden Zuruf der Massen zu ergötzen. Daß es sie zu quälen schien, sich selbst als Schaustück der Menge hinzustellen. Daß sie dafür auf einsamen Spaziergängen aus dem Homer sich vorlesen ließ und in späten Jahren noch anfing, Griechisch zu lernen, um des Gedichtes Schönheit aus dem Urtext näher zu begreifen. Daß sie den Dichter, der das »Buch der Lieder« geschrieben, verehrte und ihm zu Korfu ein Denkmal gesetzt hat. Daß sie den Schmerz um ihren einzigen Sohn von Land zu Land, von Gestade zu Gestade ruhelos umhergetragen, ihren Kummer vor den Blicken der Welt verbarg, wie sie stets ihr schönstes Fühlen vor profanen Augen verborgen gehalten. Wenn wir nur dieses, was wir wissen, nehmen, ihr Wesen damit zu umspannen, dann haben wie eine große Seele, ein Frauenherz von einer Reinheit, einen Frauensinn von einer Tiefe, daß sie als eine lichte Gestalt unserem Gedächtnis bleiben müßte, auch wenn sie nicht die Kaiserin gewesen wäre.

Daß sie's gewesen ist, scheint mir von unermeßbarem Wert. Denn sie hat mehr gewirkt als eine Kaiserin, die prunkvoll durch alle Straßen fährt, auf allen Festen glänzt, sich überall huldvoll und gnädig dem Volke neigt und die Mode des Landes wie das gesellige Wohltätigkeitsgeschäft regiert. Sie hat dieser Zeit die Fürstin gegeben, hat als einzige auf eine lautlose, unwillkürliche und vollkommen menschliche Art gezeigt, was eine Fürstin ist. Sie hat ein Hochmaß von Weiblichkeit in unsere Zeit hineingestellt, das kostbarer ist als alles, was wir an erdichteten weiblichen Idealgestalten besitzen.

Und sonderbar: Wie unser Erinnern sich lebhafter der Kaiserin zuwendet, da merken wir, daß wir im Eigentlichen nur wenig von ihr wissen, uns nicht vermessen dürfen, sie zu kennen, sondern daß es weit mehr die Ahnung von ihrem reichen Wesen ist, die uns bezwingt. Ein Leben, aus weiter Ferne angeschaut. Still und hoch dahinfunkelnd, vom Schimmer des seligsten Glückes umflossen und vom Glanz einer erlesenen Tragik umleuchtet. Nur leise Andeutungen haben wir, um ihr Inneres zu erraten, nur das Echo vom Echo ihrer Worte, nur den Hauch, der von ihrem Wandel ausging, nur verwehte Klänge ihrer Lebensmelodie. Der Spiegel der Volksseele hat nur ein schwaches, undeutliches Bild dieser hohen Frau aufgefangen, und man bestaunt es wie das Antlitz eines Märchens. Diese Gestalt ist wie aus lauter dünnen Schleiern gewoben, fließend, ungreifbar, unwirklich beinahe, und ist uns doch eingeprägt wie mit einem Stempel.

So wenig braucht es, einen guten und seltenen Menschen zu erkennen. Sei er noch so verborgen, so hat sein Wesen doch einen Duft von solch feiner Kraft, daß man seine Gegenwart empfindet wie die Gegenwart im Grase verborgener Blumen. Sei er noch so entfernt, so ist er doch in eine Atmosphäre gehüllt, die leuchtet wie ein Gestirn am dunkeln Himmel.

In: *Das österreichische Antlitz. Essays,* Berlin 1910.
Felix Salten (1869–1947)
Österreichischer Erzähler, Dramatiker, Essayist. Feuilletonredakteur bei der Zeit und Schöpfer von Bambi (1923).

Sissi im ungarischen Krönungskleid, gemalt von Georg Raab 1867

Francis Thompson (1859-1907)

Das Schmerzenshaus

I

Aus keuschester Weiße
    Ward mein Brautkleid gewirkt,
Drin ein silbriges Gleißen,
    Das, ach! wohl Tränen birgt –
Warum, ach warum hat man mir Tränen ins Brautkleid gewirkt?

Ein Mädchen noch, ward ich vermählt
    Dem Geschick, dem Kummer und Bangen.
Vom Hause Österreich wurd' mir erzählt,
    Und wie's ihm seit alters ergangen:
Ich liebt's, doch tränenklug wurden mir Auge und Wangen.

Aus tragischem Geschlecht und Blut
    – Gib eins dem meuternden Gewehr,
Eins der bedenkenlosen Flut,
    Eines der Flamm', die unbesehn verzehrt –
Wer wär' wie ich des Weinens kundig, Hehrste Mutter, wer?

Noch einmal laß das Feuer walten,
    Noch einen führ ins Naß hinein!
O Tod, wirst du nie innehalten?
    Fährst, Austria, du nur Ernten ein?
Hab' ich denn Tränen unauslotbar, daß du forderst »wein' nur, wein'!«

Nein! Finstrer Narr – zuletzt zu weit
    Hast du getrieben meine Fron:
Eine zu teure Grausamkeit
    Spricht deiner Herrschaft Hohn –
Die letzte Träne ist mir abgepreßt. O Rudolph! O mein Sohn!

Nimm diesen Flor der Schmerzen,
   Sohn aller Weiber Leids!
Kein Morgen tagt dem Herzen,
   Ich starb in toter Zeit:
Sieh. Christus, Dir! bring ich mein trän'durchflortes Kleid!

Maria, nimm den Brautkranz an!
   Sei, Christus, Du gewillt,
Mein Brautkleid anzunehmen! Dann
   Hat sich mein Schicksal ganz erfüllt:
Am Opfer, reich, bekränzt, gewandet, sei der Opferdurst gestillt!

II

Der Sohn der Tränen hörte,
   Nahm huldvoll das Geschenk;
Der alle Frau'n bedauert, hörte –
   So wird, verborgner Regel eingedenk,
Das lebenswund-zerriss'ne Herz dem Dolch des Meuchlers zugelenkt.

Zu lang durchkreuzte die Vollendung
   Verstockter Jahreszeiten Gang!
Des scharf geschliff'nen Trösters Sendung
   Blieb ihrer Brust fern allzulang! –
Jetzt endlich, heilend' Erz, triffst du ein Herz, das krankt!

Entseelt – verheert – die Brust! – Ein rotes,
   Ein kleines Rund zeigt sich. Es spiegelt,
Grad unterm Herzen, wie des Todes
   Vollmacht ehrfürchtig ein Martyrium besiegelt
Und jene Grabstatt königlichen Leidens–, Liebenslaufs verriegelt.

O Tod, hättest du bloß
   noch ein Erbarmen übrig, führ'
du selbst den dolchbewehrten Stoß
   Noch gegen einen Busen mehr –
Wo jeder Stoß nur Mitleid, mit dem, den du schon trafest, wär'.

Nachdichtung aus dem Englischen von Sebastian Wohlfeil

Francis Thompson: The House of Sorrows

I

Of the white purity
 They wrought my wedding-dress,
Inwoven silverly –
 For tears, as I do guess.
Oh, why did they with tears inweave my marriage-dress?

A girl, I did espouse
 Destiny, grief, and fears;
The love of Austria's house
 And its ancestral years
I learned; and my salt eyes grew erudite in tears.

Devote our tragic line –
 One to his rebel's aim,
One to his ignorant brine,
 One to the eyeless flame:
Who should be skilled to weep but I, O Christ's dear Dame?

Give one more to the fire,
 One more for water keep:
O Death, wilt thou not tire?
 Still Austria must thou reap?
Can I have plummetless tears, that still thou bidd'st: »Weep, weep!«?

No – thou at length with me
 Too far, Dark Fool, hast gone!
One costly cruelty
 Voids thy dominion:
I am drained to the uttermost tear: O Rudolph, O my son!

Take this woof of sorrows,
 Son of all Women's Tears!
I am not for the morrows,
 I am dead with the dead years.
Lo, I vest Thee, Christ, with my woven tears!

My bridal wreath take thou,
    Mary! Take Thou, O Christ,
My bridal garment! Now
    Is all my fate sufficed,
And, robed and garlanded, the victim sacrificed.

II

The Son of Weeping heard,
    The gift benignly saw;
The Women's Pitier heard.
    Together, by hid law,
The life-gashed heart, the assassin's healing poniard, draw.

Too long that consummation
    The obdurate seasons thwart;
Too long were the sharp consolation
    And her breast apart; –
The remedy of steel has gone home to her sick heart.

Her breast, dishabited,
    Revealed, her heart above,
A little blot of red, –
    Death's reverent sign to approve
He had seales up that royal tomb of martyred love.

Now, Death, if thou wouldst show
    Some ruth still left in store,
Guide thou the armèd blow
    To strike one bosom more,
Where any blow were pity, to this it struck before!

In: *Dublin Review*, Januar 1911.
Francis Thompson (1859–1907)
Englischer Poet, Essayist und Literaturkritiker.
Verfasser von religiös inspirierten mystisch-
symbolischen Dichtungen.

Mitte der sechziger Jahre, auf dem Höhepunkt ihrer
Schönheit, ließ sich Sissi oft und gern fotografieren

Adolf Wölfli

Foliantte N°. 7. Die Kaiserinn Elisabeht von Österreich=Ungahrn, im allgemeinen Kranken=Haus in Wiien. Genanntte, allerliebste und schöne Dame, schenkte mihr kurtz nach der Schlacht von *Combermere,* im Herbst des Jahres, 1866, Das Großherzogtumm gleichen Namens, als meine Damalige und eewige, intihme Freundinn. Loob, Ehre, Preis und dank, solchem edlen und hochhertzigen Opfer=Sinn. Getz. Hochachtend, der heil. Skt. Adolf. 1913.

In: *Geographisches Heft* No. 11, 1912-1913, hg. Adolf-Wölfli-Stiftung,
Kunstmuseum Bern, Stuttgart 1991.
Adolf Wölfli (1864–1930)
Schreiber, Dichter, Zeichner, Komponist. 1895 in die Irrenanstalt Waldau bei
Bern eingewiesen, ab 1899 Zeichnungen, ab 1908 Arbeit an einer imaginären
Autobiographie (bis 1930).

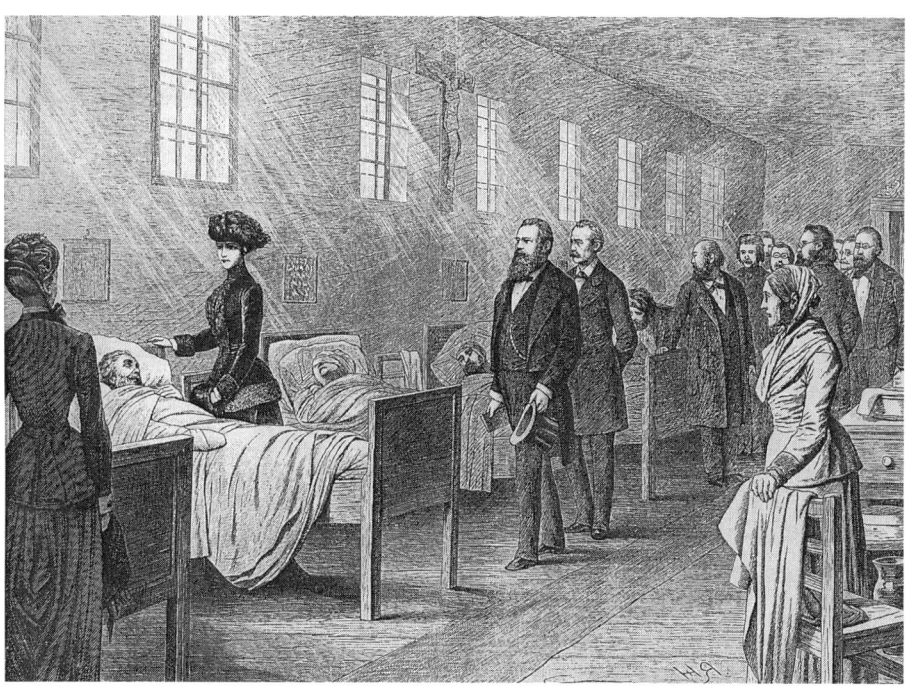

Kaiserlicher Besuch im Allgemeinen Krankenhaus Wien

Kurzbiographie

1837	24. Dezember: Geburt Elisabeths in München als viertes Kind der Herzogin Ludovika und des Herzogs Maximilian.
1853	August: Verlobung von Franz Joseph und Elisabeth in Ischl.
1854	5. März: Hochzeit von Franz Joseph und Elisabeth in der Wiener Augustinerkirche.
1855	5. März: Geburt der Tochter Sophie.
1856	15. Juli: Geburt der Tochter Gisela.
1857	29. Mai: Tod der Tochter Sophie in Budapest.
1858	21. August: Geburt des Kronprinzen Rudolfs in Laxenburg.
1859	Krieg Österreichs gegen Piemont-Sardinien und Frankreich. Niederlagen von Magenta und Solferino. Österreich verliert die Lombardei.
1860	Juli: Höhepunkt der Ehekrise zwischen Franz Joseph und Elisabeth. Überstürzte Abreise Elisabeths nach Possenhofen. Bedenklicher Gesundheitszustand. November: Flucht nach Madeira.
1861	Februar: Rückkehr über Korfu nach Wien. Erneute Verschlechterung des Gesundheitszustandes. Juni: Reise nach Korfu in Begleitung ihres Schwagers Erzherzog Ferdinand Max. Oktober: Zusammenkunft zwischen Elisabeth, ihren Kindern und Franz Joseph in Venedig.
1862	August: Elisabeth kehrt in Begleitung ihres Bruders Herzog Karl Theodor nach Wien zurück.
1863	Februar: Beginn des systematischen Studiums der ungarischen Sprache.
1864	November: Ida Ferenczy wird zur Vorleserin ihrer Majestät ernannt. Beginn einer langjährigen Freundschaft.
1865	Ende Sommer: Elisabeth fordert ultimativ eine liberale Erziehung für Kronprinz Rudolf.
1866	Preußisch-österreichischer Krieg um die Vorherrschaft in Deutschland. Entscheidende Niederlage bei Königgrätz im Juli. Gründung des Norddeutschen Bundes unter Preußens Führung. Österreich verliert die Vorherrschaft in Deutschland. Krieg Österreichs gegen Italien, Venetien geht an Italien. Juli: Elisabeth begibt sich nach Budapest und holt später ihre Kinder nach. Sie setzt sich energisch für die Sache der Ungarn ein.

1867	Februar: Österreich-Ungarischer Ausgleich. Sonderrecht für Ungarn innerhalb der Doppelmonarchie.
	Juni: Krönung Franz Josephs und Elisabeths zu König und Königin von Ungarn.
1868	22. April: Geburt von Marie Valerie, Elisabeths Lieblingstochter, in Budapest.
1871	Gründung des deutschen Reiches. Wilhelm I. wird deutscher Kaiser, Bismarck Reichskanzler.
	Dezember: Marie Gräfin Festetics von Tolna wird neue Hofdame Elisabeths.
1872	27. Mai: Tod der Schwiegermutter Sophie.
1874	Juli: Erste Englandreise Elisabeths.
1881	10. Mai: Heirat des Kronprinzen Rudolfs mit Stephanie von Belgien.
1882	April: Baubeginn der Hermesvilla im Lainzer Tiergarten.
1884	Herbst: Treffen mit Königin Elisabeth von Rumänien, »Carmen Sylva«, in Budapest.
1886	13. Juni: Tod Ludwigs II. von Bayern.
1889	31. Januar: Selbstmord des Kronprinzen in Mayerling. Baubeginn des Achilleions auf Korfu.
1890	Juli: Heirat Valeries mit Franz Salvator in Ischl.
1898	10. September: Ermordung der Kaiserin in Genf.
1916	21. November: Tod Kaiser Franz Josephs in Wien.

Dank

Für ihre Mitarbeit möchte ich Gabriela Burkhalter von ganzem Herzen danken.

Ich danke allen Mitglieder der Société des Admirateurs et Admiratrices de Sissi (SAAS), insbesondere Urs Gygax und Monika Schneider von der *Swiss Agenda* in Bern, Caroline Sommer für ihre Bilder von Korfu, Christoph Balmer (Dampfzentrale Bern) für die Sissi-Filmtage 1996, Christine Hubacher von DRS3 fürs Interview, Peer Teuwsen für seinen Primatext im *Das Magazin,* Manuel Grandjean für seinen Bericht im *Nouveau Quotidien*, Harald Szeemann für seine Ermunterung 1991 und *Austria im Rosennetz* und Elizabeth Pyton für das Porträt von Sissi. Für Unterstützung und Informationen danke ich Therese Battacharya-Stettler, Stefan von Below (für Diskussionen), Lionel Breitmeyer, Hanni Bühlmann-Fröhlich (für treue Unterstützung), Ruth von Büren, Gisela Capitain, Birgit Dam (für die Porträtaktion), Marco Dogliotti (für Buchnachschub), Yan Duyvendack (für den Sissi-Altar), Jacqueline Forster-Zigerli (für Depesche), Maurice Grünig (für SM-Photo), Kathrin Hirschi, Paul Imhof (für Artikel in *Sonntagszeitung*), Christian Känzig (Topfoto), Christian Karcher (eviva!), Ingold Airlines (für zuverlässige Flüge), Elfie, Ivo und August Kocherscheidt-Semotan (für Alphütte), Ilona Koers, Simon Lamunière (für allerhand), Jacques Mayer und Martine Labre (Hôtel Beau-Rivage, Genf), Louise Marchand und Nicolas Marchand (für kaiserl. u. königl. Orden), Jean-Paul Marchand, Laurence Mermoud (eviva!), Palma Müller-Scherf (fürs Schweigen), Thomas Pfister (für Filme), Urs Richle (für Vitamin ABC), Burkhard Riemschneider (für Tip und galerie neugerriemschneider, Berlin), Theres Richter (für Übersetzung), David Ripoll (für Tips), Marie-Françoise Robert (für alle Artikel), Monika Schuck (für das Infopack), Elka Spoerri, Richard Stuber (für seine Nichtmitgliedschaft), Stefan Wälchli (Do it!) und Manfred Zinn mit Familie.

Ein herzliches »Na bravo!« geht an Anne Baumann-Marchand, Jean-Claude Meucelin, Hans Baumann, Theres Sauser, Kathrin Baumann-Fabrizi mit Familie und Christina Baumann.

Einen ganz speziellen Dank für Interesse, Bereitschaft und Zusammenarbeit sende ich nach Frankfurt zum Eichborn Verlag.

Der *Sissi-Almanach* wäre nicht denkbar gewesen, wenn wir nicht auf Arbeiten anderer (Historikerinnen, Historiker, Psychologen, Schriftsteller usw.) hätten zurückgreifen können. Ihnen allen sei hier gedankt. Ein besonderer Dank geht an Brigitte Hamann, an die Herausgeber des Kataloges *Elisabeth von Österreich. Einsamkeit, Macht und Freiheit,* und an Irmgard Sterzinger. Ihr Buch *Auf den Spuren von Kaiserin Elisabeth,* 1996 im Eigenverlag erschienen (Adresse siehe Bibliographie), ist eine Publikation voller Überraschungen und hat uns große Dienste erwiesen.

Bibliographie

Bokelberg, Werner (Hg.): *Sisis Schönheitsalbum. Private Photographien aus dem Besitz der Kaiserin*, Dortmund: Harenberg 1980 (Die bibliophilen Taschenbücher Nr. 206).

Bokelberg, Werner (Hg.): *Sisis Familienalbum. Private Photographien der Kaiserin Elisabeth*, Dortmund: Harenberg 1980 (Die bibliophilen Taschenbücher Nr. 199).

Bokelberg, Werner (Hg.): *Sisis Künstler-Album. Private Photographien aus dem Besitz der Kaiserin Elisabeth*, Dortmund: Harenberg 1981 (Die bibliophilen Taschenbücher Nr. 266).

Bokelberg, Werner (Hg.): *Sisis Fürsten-Album. Private Photographien aus dem Besitz der Kaiserin Elisabeth*, Dortmund: Harenberg 1981 (Die bibliophilen Taschenbücher Nr. 281)

Clément, Catherine: *Sissi. L'impératrice anarchiste*, Paris: Gallimard 1992.

Corti, Egon Caesar Conte: *Elisabeth – Die seltsame Frau*, Salzburg–Leipzig: Verlag Anton Pustet 1934.

Eckert, Gerhard: *Oberbayern. Kultur, Geschichte, Landschaft zwischen Donau und Alpen, Lech und Salzach*, Köln: DuMont 1988.

Falkenau, Doris: *Auf Sisis Spuren in Madeira. Eine Reiselektüre*, Wien: Verlag Österreich 1996.

Festner, Katharina und Raabe, Christiane: *Spaziergänge durch das München berühmter Frauen*, Zürich–Hamburg: Arche 1996.

Gerber, Eva; Rotter, Sonja; Schneider, Marietta (Hg.): *Die Frauen Wiens – Ein Stadtbuch für Fanny, Frances und Francesca*, Wien: AUF-edition/Verlag der Apfel 1992.

Hamann, Brigitte (Hg.): *Elisabeth – Kaiserin wider Willen*, Wien: Amalthea Verlag 1981.

Hamann, Brigitte (Hg.): *Kaiserin Elisabeth. Das poetische Tagebuch*, Wien: Verlag der Österreichischen Akademie der Wissenschaften 1997.

Hajós, Beatrix: *Die Schönbrunner Schloßgärten. Eine topographische Kulturgeschichte*, Wien–Köln–Weimar: Böhlau Verlag 1995.

Handlechner, Josef H. und Heide, Hannes: *Bad Ischl. Die Stadt und ihre Umgebung*, Linz: Landesverlag im Veritas Verlag 1993.

Hawlik-van der Water, Magdalena: *Die Kapuzinergruft. Begräbnisstätte der Habsburger in Wien*, Wien–Freiburg–Basel: Herder 1987.

Heyden-Rynsch, Verena von der (Hg.): *Elisabeth von Österreich. Tagebuchblätter von Constantin Christomanos*, Frankfurt a.M.–Leipzig: Insel Verlag 1993.

Historisches Museum der Stadt Wien (Hg.): *Elisabeth von Österreich – Einsamkeit, Macht, Freiheit*. Katalog zur 99. Sonderausstellung des Historischen Museums der Stadt Wien. Hermesvilla, Lainzer Tiergarten, Wien: Eigenverlag 1987.

Holzschuh, Robert (Hg.): *Sisi – die letzte Griechin. Die Reise der Kaiserin Elisabeth nach Korfu im Frühjahr 1892*. Erzählt aus den Tagebuchblättern von Constantin Christomanos, Aschaffenburg–Mainz: Eduard Krem-Bardischewski Verlag 1996.

Kapner, Gerhardt: *Ringstraßendenkmäler*, Wiesbaden: Franzsteiner Verlag 1972.

Müller, Peter und Kalbeka, Viktor: *»Schwalbe, leih mir deine Flügel...«. Die Reisen der Kaiserin Elisabeth*, Wien: Jugend und Volk Verlagsgesellschaft 1991.

Niederleuthner, Anna. *Speisen mit Kaiserin Sissi. Historisches Kochbuch geschrieben zu Passau im Jahre 1862*. Erprobt und herausgegeben von Hans Königsbauer, Fritz Mayer, Richard Schaffner, Waldkirchen: Südost Verlag 1996.

Nostitz-Rieneck, Georg (Hg.): *Briefe Kaiser Franz Josephs an Kaiserin Elisabeth 1859-1898*, 2 Bände, Wien–München: Herold 1966.

Österreichische Gesellschaft für historische Gärten (Hg.): *Historische Gärten in Österreich – Vergessene Gesamtkunstwerke*, Wien–Köln–Weimar: Böhlau Verlag 1993.

Praschl-Bichler, Gabriele: *Die Habsburger in Bad Ischl*, Graz: Leopold Stocher Verlag 1997.

Praschl-Bichler, Gabriele: *Kaiserin Elisabeth. Mythos und Wahrheit*, Wien: Ueberreuter 1996.

Raimbault, Ginette und Eliacheff, Caroline: *Les indomptables. Figures de l'anorexie*, Paris: Edition Odile Jacob 1989.

Schäfer, Martin: *Sissi. Glanz und Tragik einer Kaiserin. Eine Bildbiographie*, München: Heyne Verlag 1991.

Société d'Histoire de l'Art en Suisse (Hg.): *La Genève sur l'eau. Les Monuments d'Art et d'Histoire du Canton de Genève* (Bd. 1), Basel: Wiese Verlag 1997.

Stadler, Gerhard: *Auf rotweißen Spuren. Ein Reiseführer durch die Donaumonarchie*, Wien: Ueberreuter 1997.

Stadtlaender, Chris: *Sisi. Die geheimen Schönheitsrezepte der Kaiserin und des Hofes*, Wien: Edition S Verlag Österreich 1995.

Sterzinger, Irmgard und Richard: *Auf den Spuren von Kaiserin Elisabeth*, Nürnberg: Eigenverlag 1996 (Rothenbuchstraße 27, D-90449 Nürnberg, Tel. +49/911/675728, Preis DM 200).

Sztaray, Irma: *Aus den letzten Jahren der Kaiserin Elisabeth*. Wien 1909.

Urstöger, Hans Jörgen: *Hallstatt-Chronik. Vom Beginn der Besiedlung bis zum Jahre 1994*, Hallstatt: Verlag des Musealvereins 1994.

Vogel, Juliane: *Elisabeth von Österreich. Momente aus dem Leben einer Kunstfigur*, Wien: Verlag Christian Brandstätter 1992.

Welcome, John: *Die Kaiserin hinter der Meute. Elisabeth von Österreich und Bay Middleton*, Wien–Berlin: Paul Neff Verlag 1975.

Textnachweise

Peter Altenberg, *ohne Titel*. In: Märchen des Lebens, 1908.

Hermann Bahr, *Die Kaiserin*. © H. Bauer Verlag GmbH, Wien.

Maurice Barrès, *Kaiserin der Einsamkeit*. In: Amori et Dolori sacrum, 1903. Aus dem Französischen von Daniel Baumann/Ulrike Streubel.

Giosuè Carducci, *Alle Valchirie, per i funerali die Elisabetta imperatrice*, 1898. Aus dem Italienischen von L. K. Nolston.

Serge Daney, *Devant la recrudescence des vols de sacs á main (Ausschnitt)*. © Aléas, Lyon 1991. Aus dem Französischen von Daniel Baumann/Ulrike Streubel.

Henri Dunant [*Brief an Bertha von Suttner*]. In: Die Waffen nieder! Monatszeitschrift zur Förderung der Friedensbewegung, Nr. 10/11, 1898.

Theodor Fontane, *Briefe an Emilie Fontane, 11. September und 13. September 1898*.

Stefan George, *Die Schwestern. Sophie von Alençon. Elisabeth von Österreich*. In: Stefan George. Sämtliche Werke in 18 Bänden. Hrsg. v. der Stefan-George-Stiftung, Stuttgart. Band 6/7: Der siebente Ring. Bearb. v. Utel Oelmann. © Klett-Cotta, Stuttgart 1986.

Hugo von Hofmannsthal, Übersetzung von Gabriele d'Annunzio, *Kaiserin Elisabeth*. In: Hugo von Hofmannsthal, Gesammelte Werke. Reden und Aufsätze I, 1891-1913. © Fischer Taschenbuch Verlag GmbH, Frankfurt am Main, 1979.

Karl Kraus, *ohne Titel*. In: Die Fackel, Nr. 90, Dezember 1901. © Suhrkamp Verlag Frankfurt am Main, S. 23/24.

Felix Salten, *Elisabeth*. In: Das österreichische Antlitz, 1910. © Dr. Veit Wyler, Zürich.

Bertha von Suttner, *Zeitschau*. In: Die Waffen nieder! Monatszeitschrift zur Förderung der Friedensbewegung, Nr. 10/11 1898.

Carmen Sylva, *Die Kaiserin Elisabeth in Sinaia*. In: Neue Freie Presse 25.12.1906.

Francis Thompson, *The House of Sorrows*, 1911. Aus dem Englischen von Sebastian Wohlfeil.

Adolf Wölfli, *ohne Titel*. Auszug aus: Geographisches Heft No. 11 (1913), 1991. © Adolf-Wölfli-Stiftung, Kunstmuseum Bern.

Bildnachweise

Daniel Baumann: S. 11, 35, 40–65, 77, 83, 84
Graphische Lehr- und Versuchsanstalt Wien: S. 131
Kunsthistorisches Museum, Wien: S. 100, 135, IV, VI, VII, VIII
Museum des Mobiliendepots: S. II
Negative aus dem Bildarchiv der Österreichischen Nationalbibliothek,
Wien: S. 17, 103, 114, 120, 128, 141, 142
Elizabeth Peyton, courtesy galerie neugerriemschneider, Berlin: S. 22
Gabrielle Gräfin Seefried: S. 29, 111
Caroline Sommer, Biel: S. 66–70
Technisches Museum Wien: S. 39
Thurn und Taxis, Regensburg: S. V

Farbteil

Für die freundliche Abdruckge-
nehmigung danken wir allen
Rechteinhabern. Leider konnten
einige nicht ermittelt werden.
Wir bitten sie, sich gegebenen-
falls beim Eichborn Verlag zu
melden.

Nachspann

Serge Daney

Sissi impérautruche[*]

»Stimmt es, daß Sissi die Angst vor der Wahrheit ignorierte? Nein, gewiß nicht. Sie spricht doch von der ›inneren Maskerade‹, in die sie sich zwängen mußte und vom ›Eselskopf unserer Illusionen‹, den wir immer wieder und ohne Unterlaß streicheln müssen. Sie verteidigt die Illusion wie all jene, die sich nicht umbringen, obschon sie die Nichtigkeit des Lebens, diese ›Krankheit‹, wie sie sagte, durchschaut haben.«

»Ich finde diese Zeilen bemerkenswert«, sagte sie und legte das Buch hin. »Wer hat das geschrieben?«

»Sie können ihn nicht kennen, teure Erzherzogin. Sie stammen von einem gewissen Cioran, einem Rumänen, der Sissi seit jeher liebte.«

»Auch ich liebte sie«, sagte die Erzherzogin Sophie. »Das erstaunt Sie, nicht wahr? Ich nehme an, Sie kennen diese Filme, in denen man mir den schlechten Part gab.«

»Ja, Majestät, ich kenne sie und halte sie für eine Riesenschweinerei.«

»Nun, bedenken Sie«, fuhr die Erzherzogin beruhigt fort, »wenn ich mich nicht geopfert hätte, den *einzigartigen* negativen Part auf mich zu nehmen, hätte es wohl gar nichts zu erzählen gegeben, kein Film wäre entstanden, auch keine Sissi, nichts. Den Drehbuchautoren fehlte es einfach an Ideen.«

Ich war froh, die Erzherzogin Sophie bei mir empfangen zu dürfen, denn sie war die einzige Figur in dieser unsäglichen *Sissi*-Serie, die erträglich war. Ich schätzte es, wie sie allein sich über die maßlose karamellisierte Rührung und die sauerkrautigen Gefühle zu ärgern schien, die Mitte der fünfziger Jahre ganz Westeuropa überzogen. Bereits 1956 war sie, eingeschnürt in blaue Roben und mit dem würdevollen, spöttischen Blick einer Darrieux österreich-ungarischer Prägung, die einzige, die sich – damals schon! – der sentimentalen Welle entzog. Später nahm ich es dieser widerlichen Trilogie übel, daß sie aus einer derart außergewöhnli-

[*] *impérautruche* ist ein Wortspiel zwischen *impératrice* (Kaiserin), *autruche* (Vogel Strauß) und *Autriche* (Österreich) (Anm. des Übersetzers).

chen Person wie Elisabeth von Bayern bewußt eine dümmliche Gestalt machte.

»Glauben Sie mir«, sagte die Erzherzogin, »ich habe gelitten. Gelitten, die eingebildete Schwiegermutter spielen zu müssen, die weder Bier noch die Ungarn, noch Sauerkraut mochte, und die nichts Besseres zu tun hat, als das Kind der eigenen Schwiegertochter im Namen der Staatsräson zu entführen! Was habe ich gelitten unter dieser österreichischen Produktion der alten UFA-Garde, dieser bis aufs letzte vom Geist der Wiener Operette und der Nazikomödie abgewetzten Truppe!«

»Aber Erzherzogin! Der Film stammt von 1956!«

»Sie glauben doch nicht im Ernst, mein Lieber«, antwortete Sophie mit eisiger Miene, »daß die Ästhetik von *Sissi* viel anders ist als die Tirolerkomödien des späten Nazikinos, gefilmt in Agfacolor, mit Alpenhütten, modernen Naivlingen und vollarischen Skilehrern?«

»Gut, ich gebe zu, daß es eine *unterwürfige* Art gibt, die Mächtigen zu filmen, in leicht verkrampfter Haltung von unten, und eine überhebliche Art, die einfachen Leute wie Rüpel eines fremden Menschenschlags zu filmen. Sozusagen eine Ästhetik von Höflingen.«

»Nazistisch, sage ich Ihnen.«

»Erzherzogin, Sie haben zuviel Godard gesehen!«

»Also gut, dann schweige ich halt«, sagte die Erzherzogin und vertiefte sich wieder in die Lektüre von Cioran.

Trotz allem hat das Wiedersehen mit diesem Haufen Dummheiten bei mir eine Art rückgewandtes Unbehagen hervorgerufen. Ich erinnerte mich, wie das Nachkriegsösterreich sich mit diesen blödsinnigen *Sissi*-Filmen wieder in die Reihe der ehrbaren Länder eingeschlichen hatte, und ich fragte mich, wie wohl Waldheim damals darüber dachte. Ich dachte an die arme Romy Schneider, die Visconti brauchte, um Ernst Marischka zu überwinden, bevor sie, wie Sissi im richtigen Leben, ein trauriges Schicksal traf. Ich dachte an das gute Volk der Franzosen, das nie den Mut hatte, zuzugeben, daß ihm die deutschen Filme während der Zeit der *Occupation* gut gefielen, dieses Volk, das Romy, die Tochter von Magda, zu seiner verdrängten Teutonin machte. Ich dachte auch an diese alten Deutschen, die sich Anfang der achtziger Jahre das Filmfestival in Berlin zunutze machten, um heimlich (im Kino Astor) die netten Nazi-Filme aus ihrer Jugendzeit wiederzusehen.

Langsam verstand ich, warum diese süßlich-fade Geziertheit von *Sissi* mich immer noch so sehr störte. Bestimmte Filme stören uns nicht so sehr wegen ihrer tatsächlichen Nichtigkeit, sondern weil wir das anhaltende Gefühl haben, daß in dem Augenblick, wo sie uns mit der Glückseligkeit von Zierbildchen überhäufen, etwas Niederträchtiges bleibt. Es gibt Bilder – beispielsweise aus den *Sissi*-Filmen –, die nur vorhanden sind, um andere Bilder gar nicht erst aufkommen zu lassen – Bilder, um den Blick abzulenken.

Und dennoch schreibt Cioran: *»Stimmt es, daß Sissi die Angst vor der Wahrheit ignorierte? Nein, gewiß nicht.«*

Text aus *Devant la recrudescence des vols de sacs à main*, Lyon, 1991, S. 73–75.
Dieser Text wurde als Reaktion auf einen Artikel in der Zeitung *Libération*
geschrieben, der den »second degré«, die zweite Sinnebene des Filmes feierte.
Es gibt keinen »second degré«, außer bei mathematischen Gleichungen.
Serge Daney (1944–1992)
Französischer Filmkritiker und -theoretiker.

Daniel Baumann, 1967 geboren,
Kunsthistoriker, Konservator der
Adolf-Wölfli-Stiftung, Kunstmuseum Bern,
und freier Kurator, lebt in Genf.

Zur Schreibweise von Sissi:
Zu Lebzeiten der Kaiserin Elisabeth
schrieb man *Sisi*.
Wir haben uns für *Sissi* entschieden, weil
das zweite s das s vom Mythos ist.

© Eichborn GmbH & Co. Verlag KG,
Frankfurt am Main, April 1998
Einbandgestaltung: Christina Hucke
Lektorat: Palma Müller-Scherf
Layout: Johannes Steil
Gesamtherstellung:
Fuldaer Verlagsanstalt GmbH, Fulda
ISBN 3-8218-0663-x

Die Deutsche Bibliothek – CIP-Einheitsaufnahme

Baumann, Daniel:
Der Sissi-Almanach / Daniel Baumann.
– Frankfurt am Main : Eichborn 1998
(Eichborn Berlin)
ISBN 3-8218-0663-x